Richard Griesbach
Kölle – Wat e Thiater!

Richard Griesbach

Kölle –
Wat e Thiater!

Rümcher un Verzällcher

Für die Akademie för uns kölsche Sproch
herausgegeben von Heribert A. Hilgers

GREVEN VERLAG KÖLN

Mit Unterstützung der Freunde und Förderer
des Kölnischen Brauchtums e.V.

© Greven Verlag Köln GmbH und Familie Griesbach, 2009
www.Greven-Verlag.de
Umschlaggestaltung: Steffy Schüller, Köln
Fotos: Familie Griesbach (Umschlag und S. 2);
Photocase.com, Dave Steiner (Umschlag)
Satz: Michael Lauble, Düsseldorf
Druck und Bindung: Friedrich Pustet KG, Regensburg
Alle Rechte vorbehalten
ISBN 978-3-7743-0428-4

Richard Griesbach und der Altermarktspielkreis

Über drei Jahrzehnte sagte man das in einem Atemzug: Richard Griesbach und der Altermarktspielkreis. Und über drei Jahrzehnte bezeichnete man damit ein lebendiges, buntes, kreatives Stück vom kölschen Köln. Der Altermarktspielkreis verdankt seinen Namen einem Spiel, dem am 8. Juli 1950 im Rahmen der Neunzehnhundertjahrfeier der Stadt Köln mit über fünfhundert Teilnehmern auf dem Altermarkt aufgeführten und dann achtmal wiederholten Spiel »Mer sin noch do« mit Szenen aus der kölnischen Geschichte. Regisseur war Franz Goebels. Um ihn blieb ein Teil des Ensembles, eben unter dem Namen Altermarktspielkreis, zusammen und präsentierte in den folgenden Jahren, jeweils am roten Faden eines Themas, etwa »Kölns alte Straßen und Plätze« oder »Kölner Originale«, die Bestände der vor allem in der Sprache aufbewahrten kölnischen Tradition. Auf Franz Goebels geht das Bonmot zurück, Kölsch sei so schön, dass man jedes Wort »bütze mööch«. Mit seinen Programmen wanderte der Altermarktspielkreis, offiziell als Arbeitsgemeinschaft der Volkshochschule, von Saal zu Saal durch die Stadt; seine ruhende Mitte war das Kölnische Stadtmuseum. 1960 wurde Richard Griesbach, damals zweiunddreißigjährig, Mitglied.
Richard Griesbach war am 4. Januar 1928 im damals noch selbstständigen Porz geboren. Aus der Prima auf dem Jungengymnasium Schaurtestraße in Deutz wurde er als Flakhelfer eingezogen und geriet in amerikanische Kriegsgefangenschaft, dann folgten das Abitur und ein Studium der Germanistik und Geschichte, Psychologie und Theaterwis-

senschaft. Aber statt Studienrat oder Schauspieler wurde er Helfer in Steuersachen, seit 1954 mit eigener Kanzlei, schließlich offiziell Steuerberater. 1960 war die berufliche Konsolidierung so weit gediehen, dass er wieder Zeit für private Liebhabereien hatte: für kölsches Theaterspielen im Altermarktspielkreis. Seine Kenntnisse der kölschen Sprache und der Kölner Mundartliteratur von den »Klassikern« bis zu seinen Zeitgenossen, seine in den Nachkriegsjahren gesammelten Erfahrungen in einer Laienspielschar, sein theaterwissenschaftliches Studium bei Professor Carl Niessen, vor allem aber eine Art natürlicher, auf Kennen und Können begründeter Autorität ließen ihn bald in die Rolle des Meisterschülers von Franz Goebels hineinwachsen. Und als dieser am 22. Januar 1966 starb, da gab es einen nahtlosen Übergang.

Und Richard Griesbach führte »seinen« Spielkreis zu Leistungen, die nach Art, Umfang und Niveau alles Frühere in den Schatten stellten. Das war so nur möglich, weil er nahezu jede freie Stunde seines Lebens, oft einer keineswegs immer willfährigen Gesundheit abgetrotzt, als Arrangeur und Regisseur, als Repetent und Organisator, als Moderator und vor allem als Autor in den Altermarktspielkreis investierte. Zugute kam ihm, dass bald, nach einem Zwischenspiel in der »Brücke« (»British Center« in der Hahnenstraße), als Spielstätte das Forum der Volkshochschule zur Verfügung stand. Mit seiner Begeisterungsfähigkeit gewann er wichtige Helfer und Mitarbeiter, von denen hier nur der Maler Toni May als Bühnenbildner und der »kölsche Ungar« Janos Kereszti vom WDR als Komponist und Pianist genannt seien. Und neben die großen Programmabende im Revue-Stil mit so bildhaften Titeln wie »Himmel un Ääd met Blotwoosch«, »Ärm Jecke em Rään« und »Em Weetshuus ›Zo de veezehn Aaschbacke‹« trat ab 1977 für den harten Kern des Ensembles das »Äugelskess«-Kabarett, das sich, mit nur gelegentlichen »Sendepausen«, von Jahr zu Jahr mit aktuellen Themen zu Wort meldete. Für all das konnte Richard Griesbach zwar seine immense Belesenheit nutzen, aber diese Leistungen kamen nur zustande, weil er immer öfter selbst zur Feder griff. Und sein besonderer Blick für Texte, die »spielbar«, darstellbar sind, Rollentexte, Monologe, die zur »Verkörperung«, zur gestisch-szenischen Darbietung einladen, aber auch solche, die geeignet sind für das Spiel mit verteilten Rollen oder für den Wechsel von Solo und Tutti, bestimmte natürlich auch seine eigene Produktion. Das begann schon bei der Themenwahl. In seiner Sicht wurde halb Köln »theatralisch«: »Kölle – Wat e Thiater!«. Bei manchen Texten meint man, er habe schon von Anfang an das Ensemblemitglied im Auge gehabt, das sie einmal auf der Bühne darbieten sollte.

So war Richard Griesbach über drei Jahrzehnte nicht nur der Kopf, sondern auch die Seele des Altermarktspielkreises. Auszeichnungen blieben nicht aus: 1976 erhielt er den Kallendresser-Orden vom Altermarkt, 1985 den Rheinlandtaler des Landschaftsverbandes Rheinland, 1993 die Franz-Peter-Kürten-Auszeichnung des Internationalen Mundartarchivs in Zons. 1998 musste er aus gesundheitlichen Gründen seinen Abschied nehmen. Er starb am 24. Juli 2000.

Seit seinem Tod hütet die Familie seine reiche Hinterlassenschaft, vor allem seine eigenen Texte. Aus der Familie kam auch die Initiative zu diesem Buch. Seine Frau Milli Griesbach hat es von Anfang bis Ende mit lebhaftem Interesse aktiv begleitet, die Töchter Gabi und Hannelore haben für die Organisation des Materials gesorgt, Gerda-Marie Dorff hat aus ihrem Archiv zahlreiche Informationen vor allem für den Anhang beigesteuert, und Alice Herrwegen hat eine erste Gliederung vorgenommen. Jetzt schließlich sind hier hundertzwölf aus dem Vollen geschöpfte Texte in neun Kapiteln versammelt.

Manche Überschrift, wie »Kölle un Kölsche« oder »Vun Johr zo Johr«, könnte so oder ähnlich auch bei anderen Mundartautoren stehen, andere sind typisch für Richard Griesbach, etwa »Modern Zigge« mit Reaktionen auf den »Fortschritt« in Technik, Politik und Weltgeschehen oder »Kölsche Schlabberschnüss« mit Wort- und Reimspielen. Im Kapitel »Su sin se« findet man Typen, nicht nur die altbekannten und nicht nur kölsche, und unter »Gedanke för Jedermann« gibt es, damit auch das zur Sprache kommt, drei Ausschnitte aus den großen, abendfüllenden Spielen. Die ältesten Texte sind »Loß mer noch ens Blömcher plöcke« und »Wann e Mädche gerode ess« von 1967, der jüngste ist »Et geiht doch jeder singe Wäg«, sein letztes Gedicht. Über diese vielen Jahre hinweg hat er auf die Schreibweise keinen großen Wert gelegt; ihm ging es vor allem um das gesprochene Wort. Auch die Orthographie der zu seinen Lebzeiten veröffentlichten Texte stimmt nicht überein. Treu geblieben ist er der g-Schreibung, in der er seine ersten kölsche Texte gelernt hat. Sie ist hier selbstverständlich beibehalten. Ansonsten ist die Schreibweise leicht vereinheitlicht: Ein munterer Wechsel zum Beispiel von »d'r«, »dr« und »der« irritiert den Leser, die Vereinheitlichung zu »der« ändert an Substanz, Rhythmus und Klang der Texte nichts, dient aber der Lesbarkeit.

Weil das vorliegende Buch Richard Griesbachs literarisches Lebenswerk repräsentativ zusammenfasst, haben wir es für erforderlich gehalten, wie einst der Metzger einen Knochen zum Suppenfleisch, einen »Beihau« mitzuliefern, der Übersichten über die literarischen und theatralischen Aktivitäten, dazu Informationen zu den einzelnen Texten, ihrer Entstehungszeit, ihrer Melodie, den Hintergründen der Themenwahl und einigen Besonderheiten des Wortschatzes bietet. Richard Griesbach wollte den Einklang von Wort und Spiel, gesteigert durch Kostüme, Bühnenbild, Choreographie und oft auch eine Musik, die nicht verschönernde Zutat sein sollte, sondern funktionaler Bestandteil eines kölschen »Gesamtkunstwerks«. Davon ist hier nur das »Textbuch« übrig geblieben. Der ideale Leser müsste dem Autor an Vorstellungskraft verwandt sein.

Heribert A. Hilgers

ENTREE

Et geiht doch jeder singe Wäg,
Un jeder läv sie Levve,
Un keiner weiß, wie vill aan Däg
Der Herrgott im weed gevve.

Dröm freu dich, wann de Sonn der laach,
Wann Odem dräht ding Siel,
Freu dich aan jedem neue Dag,
Aan jeder kleine Wiel.

De Äugelskess

Ehr kennt doch gewess de Äugelskess,
Die derheim bei üch wie et Kino ess!
Ehr setzt dovör bes en de Naach,
Der Vatter süff, de Mamm, die laach.
Un de Kinderschwitt ess och wie doll,
Stopp sich der Buch met Erdnöss voll.
De Auge stonn üch bal vör'm Kopp,
Ess op däm Beldschirm Foßball drop.
Doch beim letzte »Hier und Heute«
Schlief en de ganze Meute.
Mer brängen üch en Äugelskess,
Die flimmert nit, dat ess gewess.
Mer stonn lebendig he parat
Un meeschdendeils weed Kölsch geschwadt.
Mer sagen üch en kölschem Ton,
Wat uns vör Aug' un Ohre kom
Un wat mer uns dobei gedaach,
Gekresche he un do gelaach.

Ehr künnt met uns de Welt vun hück belore.
Wann se sich ändre soll, mööt ehr üch ploge!

Entree

Mer sin zwor ärm
Un sin och brav
(De Ärmste sin mer nit) –
Dat hängk vun der Umgebung av,
Et kütt drop aan, wä kütt.

Dann Ärmot ess jo su en Saach,
Die schön ess, ov die rüch;
Do präsenteet mer sich met Kneff
Un frög zoeesch: Ess et dann Flich
Ov nor Bihördedrevv?

Muss mer och brav sin
Oder reck am Engk de Ärmot ald,
Dann wat do et »FA« well,
Dat liet de Minsche kalt.

Su hööt mer et un stellt sich en,
Ess ärm ov brav ov kombineet
(Mer muss jo levve, säht der Weet)
Grad su, wie et uns zeet.
Uns klein Progrämmche ess donoh,
Dat jeder et versteiht.

Alaaf!

KÖLLE UN KÖLSCHE

Uns Kölle am Rhing

Do häss Roncalli, Kölle,
Do häss dä Dom, dä Rhing,
Uus aller Welt, do kumme
De Minsche zo der hin.

Üvver ding Bröcke trecke
De Minsche ohne Zahl,
En dinge Kirche wade
De Hellige, hundert wahl.

En de Musee hange
De Minsche aan der Wand.
Mie Hätz süht voll Verlange
Se do em golde Rand,

Un süht ding Minsche, Kölle,
Un spööt ehr Eigenaat,
Als hätten se för Kölle
Sich einfach opgespaat.

Su steihs en Krun un Flamme
Do Kölle he am Rhing,
Do bess en Krun un Flamme
För uns wie Sonnesching,

Wie Sonnesching am Morge,
Wie Ovendsonnesching;
En Stadt wie ohne Sorge:
Jo do, uns Kölle am Rhing!

Wä nie en Kölle...

Wä nie en Kölle glöcklich wor,
Dä kennt kein rude Funke.
Wä nie en Kölle glöcklich wor,
Hät nie e Kölsch gedrunke.

Wä nie en Kölle rösig wor,
Kennt keine Rosemondag.
Wä nie en Kölle rösig wor,
Geiht besser en de Andaach.

Wä nie e leev kölsch Weech gebützt,
Sollt kumme ens noh Kölle.
Kütt hä he richtig en de Hetz,
Kann hä dat räuhig verzälle.

Wä nie en Kölle stund am Rhing
Un hoot de Welle bubbele,
Weiß nit, dat Kölsch ess Mellizing,
Dä sprich Huhdütsch met Knubbele.

Sibbe Bröcke

Loß mer üvver sibbe Bröcke gonn,
Dat ess noch immer »in«.
Kölle hät 'er sibbe schon.
Noh Kölle go'mer hin.

Kütt mer üvver Müllem aan
Ov am Zoo vörbei,
Met dem Zog noh'm Haupbahnhoff,

Vun Düx noh'm Maat för Heu,
Geiht zefoß de Vringsbröck av,
Dä Pylon steiht staats.
De Südbröck hät uns flöck me'm Rad
Zor Poller Wis gebraht.
Rudekirche wink vun fään,
Autobahnebröck,
Ov se hält bei däm Verkehr?
Mer bruche mallich Glöck.

Loß mer üvver sibbe Bröcke gonn,
Bröcke en de Welt.
Mer sollt immer Bröcke schlonn,
Dat de Welt uns hält.

Immer e Päckelche Kölle

Immer e Päckelche Kölle,
Immer e Päckelche Zick,
Immer e Krätzge verzälle
Met de Minsche vun hück.

Immer e Päckelche Heimat,
Immer e Päckelche Truß,
Immer e Leed, wat vun klein ald,
Wat mer als Kind ald gewoss.

Immer e Päckelche Domols,
Immer e Päckelche Hück,
Immer de Belder vun domols
Su wie de Belder vun hück.

I like Kölle

I like Kölle, I like Kölle,
Kölle, ich han dich gään,
I like Kölle, I like Kölle,
Kölle, ich han dich gään.
Spreche gään uns kölsche Sproch,
Krige nie vum KÖLSCH genog,
I like Kölle, I like Kölle,
Kölle, Kölsch un kölsche Sproch.

Kumme Lück uus aller Welt,
Wie noh Kölle herrbestellt,
Kumme he noh Kölle kaufe,
Einfach durch de Altstadt laufe,
Koon un Kölsch un »halve Hahn« –
En 't Museum Ludwig dann,
Kölsche Kirche, Kölner Dom,
Wigge Wäge wie en Rom,
Kölsche Jung, e lecker Nützge
Un villeich e lecker Bützge,
Bei der Sladek, en 't Thiater,
Hännesge un Millowitsch,
He un do ens uusgerötsch,
Heimwägs singk sugar der Vatter:

I like Kölle, I like Kölle...

Et ess noch Levve en der Stadt

Et ess noch Levve en der Stadt,
Mer hööt vum Dom de Klocke belle,
Mer hööt die Laute un die Stelle.
Et ess noch Levve en der Stadt.

Et ess noch Musik en der Stadt,
Mer hööt de Musikante spille,
Vun unser Stadt em Leed verzälle,
De Musikante en der Stadt.

Et gitt noch Minsche en der Stadt,
Et gitt die Laute un die Stelle,
Et gitt dat bunte Volk vun Kölle,
Et gitt noch Minsche en der Stadt.

Et gitt noch Fredde en der Stadt,
Gitt laute Plätz un gitt och stelle,
Et gitt noch Laache vill un gode Welle,
Et gitt noch Fredde en der Stadt.

Konjunktor en Kölle

Wat ha'mer nit en Kölle all?
Mer han dä Rhing voll Scheff,
De Ieserbahn, de Autobahn,
Un dodervun dä Möff.

Dann all die Dinger stinke jo,
Die pumpe uns voll Geff,
Dä Rhing »cloaca maxima«,
En Bröh, die mer och süff.

Gereinig zwor, doch weiß mer nit,
Wie wick dat och gelingk,
Ov dat nit nor e Spröchelche,
Wat mer als Leedche singk.

Mer baue Autos un Waggongs
Un Apparätcher fing,
Och Schokolad, Kuletsch, Bonbongs,
Die mäht mer he am Rhing.

Un Droht un Kabel un Briketts,
Kunsstoff, Chemie, Parfümm,
Un dann Motörcher heiß un kalt,
He ess bal alles dren.

Et Öl, dat kütt per Pipelin,
Mer maache druus Benzin,
Et dämp un qualmb un stink de Luff,
Mer ödemp alles en.

Zom Glöck ha'mer et kölsche Beer,
Dat spölt dä Dreck erav,
Un uus de Niere dröpp dat Geff
Gemix met Gääschtesaff.

»Si'mer nit got?«, su hööt mer off,
»Mer kölsche Peffersäck«,
Et Levve hät sich nor gelohnt,
Wann et der hät geschmeck.

Un dat et schmeck, dat süht mer wal
Bei uns aan jeder Eck,
Do gitt et Weetschafte doch bal
Beinoh för jede Zweck.

Mer freut sich jet un käut sich jet
Un süff sich jet ganz stolz
Un fingk och ander Saache nett,
Mer ess jo nit uus Holz.

En Kölle ess et Levve rund,
En Kölle ess jet mangs,
De Kölsche ess et nie ze bunt,
Kenne kein Levvensangs.

Dann nevven dem Haupbahnhoff steiht
Der Dom vun alders her,
Un bliev dä stonn en Iewigkeit,
Sitz uns kei Fützge quer.

Mer hoffe, dat am jüngste Dag
Der Herrgott kütt vörbei
Un dat et däm bei uns gefällt,
Mussjöh, mer sin esu frei.

Alaaf!

E Verzällche vun de kölsche Klocke

Wa'mer vör'm letzte Kreeg sonndagsmorgens vun Düx üvver de Hängebröck noh Kölle ging, dann wore rundsöm de Klocke am lügge.
Un ging mer üvver der Heumaat, dann hoot mer Zint Määte, un dat wor am lügge:

> *Uns Mäd, die hät e Kind kräge – uns Mäd, die hät e Kind kräge!*

Vum Heumaat ging mer dann Bovve Maats-Poozen erop, un do wor Zint Kolumba met singem kleine Klöckche am lügge:

> *Vun wäm dann – vun wäm dann?*

Spazeete mer dann wigger durch Kölle un kom lans Zint Ooschele, dann dät et vun Zint Ooschele lügge:

> *Vum Här Pastur – vum Här Pastur!*

Un dann ging mer op der Rhing aan lans et Kunebäätsklüsterche, un do hoot mer dat kleine Kunebääts-Klüsterche-Klöckche bimmele:

> *Dat ess en Sünd un en Schand – dat ess en Sünd un en Schand!*

Lans der Rhing stivvelte mer bes aan der Dom, un em Dom wor der Decke Pitter am lügge:

> *Schwamm drüvver – Schwamm drüvver!*

Wat för e Thiater öm et Thiater!

Wat för e Thiater öm et Thiater,
Loot dat Thiater doch en däm Thiater,
Dann för Thiater em Rothuus
Bezahle mer keine Entree.

Wat meint ehr, wat dat Thiater
En der Verwaltung koss?
Die kasseere för sitzende Haltung,
Do vergeiht einem wirklich de Loss.

Doch för et Thiater öm et Thiater,
Do sin de Nüsele knapp –
Un vör däm *kölsche* Thiater
Maache de Kasse schlapp.

Vergesse weed bei däm Thiater
Dä kleine Komödiant.
Däm nimmb dat Rothuus-Thiater
Dä Fuustekies uus der Hand.

Un do hööt, sid doch ens iehrlich,
Et Behörde-Thiater op,
Do weed et ald schlemm un gefährlich,
Se stelle de Welt op der Kopp.

Dann wann denne Rothuus-Akteure
Et Thiater am Hätze lög,
Dann göv öm sing Siel, de Akteure,
Et keine Nüselekreeg.

Fröher »Unger sechzehn Hüser«

Fröher »Unger sechzehn Hüser«
Hät mer he die Stroß genannt.
Heute »Unter Sachsenhausen«
Ess dat Veedel jetz bekannt.

Wor mer fröher he nit secher,
Wood villeich och kalt gemaht,
Heute »Unter Sachsenhausen«
Mäht dä Bänker dich parat.

Fröher »Unger sechzehn Hüser«
Hatt kei Minsch jet aan de Föß,
Heute »Unter Sachsenhausen«
Zällt nor Reibach un Erlös.

Moots de fröher he ald laufe
Öm et Levve, öm ding Füss,
Kanns de hück he keinem traue,
Der Beschiss ist dir gewiss!

Dröm, ehr Männer un ehr Fraue,
Meidet diese Gegend hier!
Heute »Unter Sachsenhausen«
Gitt et wirklich kei Pläsier.

Hundertnüngzig Millione
Sau'r verdientes Steuergeld
Sin hier einfach su verschwunde,
Wo danach kein Hund mehr bellt ...

Kölnische Ratlosigkeit

Ganz ratlos, ganz ratlos, ganz ratlos steht
Colonia –
Dä Büggel leer, kein Geld mehr da.
Oh, helft mir doch in meiner Not,
Söns sinn ich schwatz und nicht mehr rot.

Dä Stadtrot, dä Stadtrot, dä Stadtrot nix
Ze sagen hät,
Geschwadt weed vill, geregelt nix.
Dä ein säht hott, dä andere hü,
Regeere deit de Bürokratie.

St. Konrad, St. Konrad, St. Konrad komm
Herab geschwind,
Do weiß doch, wie mer Kölsche sin.
Do mähs dat Kreppche widder klor,
Wie et en got ahl Zigge wor.

Zeitungsleser-Klagelied

Künnte mer nit ens en Zeidung han,
E paar Sigge nor för der ärme Mann,
Die einfach ess, die jeder versteiht
Un wo noch et kölsche Hätz dren schleiht!

Wat göv ich doch för su e Blättche
En unsem ech kölsche Städtche!

Künnte mer nit ens en Zeidung han,
Die jederein bei uns lese kann,

Wo mer noch kölsche Tön dren fingk,
Uus jedem Sätzge ne Kölsche gringk!

Künnte mer nit ens en Zeidung han,
Die jedereiner sich halde kann,
Die endlich ens Jo zo uns Kölsche säht
Un nit uus uns selvs noch Frembcher mäht!

Künnte mer nit ens en Zeidung han,
En kölsche Zeidung wör et dann,
Vun Kölsche för Kölsche un Fremde gemaht!
E Stöckelche ech kölscher Eigenaat!

Wat göv ich för su e Blättche!
Wat wööd dann uus unsem Städtche!

Ubierleed

Wie de Jöhrcher och flutsche,
Kölle steiht un bliev bestonn.
Sulang mer noch he hutsche,
Kann dat nit vergonn.

Der Schäl, dä sproch zom Tünnemann:
Wat wört ehr ohne Römer dann,
Die Römer ohne Germane,
Wat wöre dat dann för Ahne?

Loß mer noch e Gläsge suffe,
Rude Wing ov Brandewing,
Un donoh op heim aan kruffe,
Su lihrt mer et bess Lating.

Epilog em Hännesge

»Mer süht aan Mötz un Wämmesge:
Ich ben et kölsche Hännesge!
Vun mer säht jeder en der Gass:
›Dat ess en Oos, dä kleine Quass!‹

Doch wat ich dun, un wat ich maache,
Dobei ess immer jet ze laache.
Ben immer löstig un alät,
Ne Püngel Flüh, wie mer su säht.«

»Ich ben et Bärbelche, gewess,
Wat he un do am krieschen ess.
Doch laachen ich genau esu gään,
Sinn ich mien Hännesge vun fään.«

»Un ich, ich ben der Besteva,
Dat heiß, der Vatter vun singem Va.
Ming Knoche sin ald stief un kromm,
Die dolle Tön sin mer ze domm.«

»No hör ens aan, dä Zöbbelöm!
Als wenn dat vun dem Alder köm.
Hä wor nie andersch, hööt mer zo!
Ich weiß dat, ich ben de Bestemo.«

»Su ess dat he: ov jung ov alt
Un flöck un möd un wärm un kalt,
Zällt alles nix! Wellt ehr ene Kääl,
Dann lohrt op mich: ich ben der Schäl!«

»No hör ens, wie hä widder schwadt!
Als hätt hä Kölle allein gemaht.

Do ävver hät hä sich verdonn:
Wie ich he nämlich vör üch stonn

Em Baselum un met der Knoll,
Ess mingen Buch vun Wundere voll.
Un wör der Tünnes nit mieh he,
Wat wör dann Kölle?! Adjüs! Ade!«

Dat Leed vun Hännesge un Bärbelche

Sprich mer ze Kölle he vun Jung un Mädche,
Dann jederein e einzig Päärche meint,
Die gov un gitt et noch en unsem Städtche,
Mer soch un süht se immer nor vereint:
Dat ess uns Hännesge,
Dat ess uns Bärbelche!
Die Auge hell un lus, em Hätze fruh!
Hei, hei, flöck ehr zwei,
Sid esu got un kutt herbei,
Höppt un danzt un hatt üch gään,
Sid üch noh un nit ze fään.
Dann wann mer vun Liebe sprich,
Denk et kölsche Hätz aan üch,
Nit aan Tünnes un Schäl:
För et Leevhan ha'mer üch zwei,
Do sid ehr zunder Fähl!
Traridirallala ...

Zweidausend Jöhrcher gitt et kölsche Kinder,
Zweidausend Jöhrcher gitt et kölsche Aat.
Als Rom un Ubia sich domols funge,
Do mahten sei de kölsche Zoot parat:

Do kom uns Hännesge
Un och uns Bärbelche,
Su wie se jeder kennt un jeder mag:
Leeve Schnüss un freche Schnüss,
Schwazze, Griese un och Füss,
Löstig, lestig, flöck un fruh
Un verdötsch op Rangdewuh!
Dann, wann mer vun Liebe sprich,
Denk et kölsche Hätz aan üch,
Nit aan Tünnes un Schäl:
För et Leevhan ha'mer üch zwei,
Do sid ehr zunder Fähl!
Traridirallala ...

Sulang en Kölle Jung un Mädche freie,
Sulang ze Kölle kölsche Hätze schlonn,
Sulang mer frei uns Aat dun noch bestemme,
Kann kölsche Mot un Fruhsenn nit vergonn.
Dann bliev uns Hännesge,
Dann bliev uns Bärbelche
Em Hätze leev un brav un stolz un frei!
Hei, hei, jo ehr zwei,
Sid esu got un blievt dobei!
Rude Backe, rude Mungk
Bütze muss mer dausend Stund!
Dann wann mer vun Liebe sprich,
Denk et kölsche Hätz aan üch,
Nit aan Tünnes un Schäl:
För et Leevhan ha'mer üch zwei,
Do sid ehr zunder Fähl!
Traridirallala ...

De veer Rabaue

Jetz trick der Kill allein durch Köllens Stroße,
Singk en ner Weetschaff, sammelt met der Kapp.
Sing Fründe han en lang verloße,
Hä resigneet! En su ner Zick sin Orginale knapp.

Mer woren ens de veer Rabaue,
Mer troken singend durch de Stadt.
Et Volk, dat nannt uns de Rabaue,
Wann och uns Aat ald mieh jet Stelles hatt.

Mer sungen ungefrog aan ville Ecke,
Dann kom e bessge Glöck en dröve Dag.
Mer soch uns pö a pö durch Kölle trecke,
Mer veer Rabaue wore noch vum ahle Schlag.

Mer gingke en der Maathall singe,
Op Stroß un Plätzger, do wor unse Stand.
Un dät et Leed dann höösch verklinge,
Dann hatt der Kill et Hötche en der Hand.

Jetz trick der Kill allein durch Köllens Stroße,
Singk en ner Weetschaff, sammelt met der Kapp.
Mer Fründe han en lang verloße.
Dat ess, de Looch wood uns ze knapp.

Elly Schmitz zum 70. Geburtstag

Sibbezig Jöhrcher sin verledde,
Sin geläv, gestande, sin gedon.
Gingken üvver Kreeg un Fredde,
Un mer hätte gän, dat se noch wigger gonn.

Laache dun die junge ahle Auge,
Die su vill gesinn en all där Zick.
Laache muss mer, Kriesche kann nix nötze.
Nor met fruhem Hätze kütt mer wick.

Bauz nor! Wä riskeet nit av un aan e Trönche!
Hück ess jo die Hätz besondersch engageet.
Un et Hätz, dat ess et Sönnche,
Wat ding Auge laache hät geleht.

Laach nor, jo, dat steiht der got, do lecker Tönnche!
Maach ene Knicks, mer wesse jo, do bess esu klein!
Größer künnte mer dich gar nit bruche,
Wörsch ze groß för Höppekrat un Jesukindche klein.

Sag doch selvs: Su bess de richtig,
Köttelig klein, e Häufge aan der Äad,
Ävver met Zivumm, met Mot un düchtig,
Proper, klein un dausend Dahler wäät.

Bliev esu klein, dun nit mih wigger wahße!
Wie do bess, su bruche mer dich grad.
Sibbezig Jöhrcher sin verledde,
Ävver wigger höpp un lamenteet: uns Höppekrat.

Hä ess ene ahle Kölsche

Kenns do em ahle Kölle,
Em neue dich nit uus,
Gangk bei dä Dr. Schwering,
Dat Käälche hilf der druus.
Dann en de Kölsch-Annale
Un däm, wat hück esu ess,
Em Hännesge-Thiater
Kennt hä sich uus gewess:

> Hä ess ene ahle Kölsche,
> Vun däm su gään mer sprich.
> Die Saache, die ehr Lück nit kennt,
> Jo, die verzällt hä üch.
> Hä üch – hä üch –
> Jo, die verzällt hä üch.

Hä kennt et Kölsch-Thiater,
Dä kölsche Fasteleer,
Un wat mer kölsche Klüngel schängk,
Dä soß im off ald quer.
Deit hä durch Kölle wandre,
Vum Dom noh'm Zinter Vring,
Weiß mieh wie jede andre
Hä, wie dat Kreppche ging:

> Hä ess ene ahle Kölsche...

Noh kölscher Aat ze levve
Met saftig kölscher Sproch
Un singer Stadt ze gevve,
Wat hä em Hätze drog,
Deef uus däm Pötz ze scheppe

Der ahle kölsche Stadt
Met Kopp un Hätz un Leppe,
Wä dät wie Schwering dat:

Hä ess ene ahle Kölsche...

Toi-toi-toi!

Kölsch-Professor, doctor phil. –
Loße mer dat Grade-Spill,
All die jecke Titelage,
Blieve unsem Kölle treu:
Levve sall et: Toi-toi-toi!

Levve sall dä Här un Meister
Kölscher Sproch un Eigenaat,
Die hä richtig mangs gemaht,
Dat se opbletz off wie neu:
Levve sall se: Toi-toi-toi!

Meddemang em Levve stonn,
Kloren Blecks dann wiggergonn,
Gott em Hätze un Courage.
Platz der Welt voll Plack un Kräu:
Levve sall hä: Toi-toi-toi!

Dem Mariännche zom 60. Gebootsdag

Dat öß dem Dühr sing Frau, et Marianne,
Vum ahle Wirz en Doochter uus Hermüllem,
Wonnt hück ze Bonn em Dennebösch.
Et steht su gäen nit en der Kösch,
Och wann et hück ald sechsisch wied,
Dat ahle Schoss, et öß doch luuter ungerwägs
Op Tagunge, Setzunge, dörchgesesse oder dörchgestande,
Am leevste dörchgeschwadt, kapott gelaach,
Laut Laache öß sing leevste Saach,
De schärpste Wetze hät et ungerem Daach,
Domette hält et dörch bös en de Naach
Beem kölsche Kall un Uuzgedöns,
Et meent, et wör et Schöns,
Vum Laache köm de Schönheet ömesöns,
Dröm laach et gäen un laut un hell,
Un och sing Mul, die steiht nit stell,
Wann et me'm krampgeöderte Verein
Dörch Kölle peeß, för de romanische
Kapelle zo verklore, denne, die
Vun dä Alderdümer nüeß verstohn.
Su flüg op ehren ahle Dag Kultur vun Hohn ze Hohn.
Et Mariann, dat hät met de Pruzente keen Probleme,
Däm öß de Quoteregelung egal,
Dat Frauminsch öß alleen hundertprozentig. –
Doch hück, do wied nit kott me'm Stätz geschwenk,
Hück öß Marianne-Dag, dat Oos wied sechsisch,
Un raselt he un do der Wurm ens em Gebälk,
Dat stüet uns nit. Flöck öß dä Givvel fresch gekälk,
Met Döppchensruse bal bekränz,
Un dann wied aangepack, et Tätschgedöns
Öß och met »60« noch et Schöns,
Wann mer met denne, die mer mag un kennt,

Et Brut jet brich, e Wingche nünnt
Un noch ens uusgeloße, wie als Kind,
Et Föttche schwenk beim Danz.
Oh, Mariännche, halt dich wacker, halt dich ganz,
Su wie do worsch un bess.
't ess doch gewess:
Kumme noch ens fuffzig Pruzent aan Jöhrcher stell dobei,
Dann ess et Johr 2000 ald vörbei.
All, die mer do sin, han et schwer,
Noh'm Dennebösch ze schröme.
Un wann mer dann noch wirklich köme,
Wör et me'm Juja ganz bestemmb vörbei.
Dröm sin mer hück ens he un noch ens richtig high.
Un wann mer gonn met Trummels un Gefleuts,
Dann ess et neue Johr dobei, un wigger geiht de
Levvensbahn,
Un widder pack 't Mariännche aan
Un hät en Kapp voll Laache en der Reuz
Un schenk uns wigger, och me'm wiehe Kreuz,
Vill Freud am Levve – immer op eneuts!

Haa…, ahh…, HAH weed »60«!

Heribertus, Sibbeburge.
Uni Kölle fällt mer en.
Kölsch-Professor och, natörlich.
Em Verein Alt-Kölle Vörsetz un
En neu Ära.
Kossbar
Wie ald lang nit mieh
Fläg *Hä* Sproch,
Doch nit nor die.

Luusch en't kölsche Panorama,
Sprich dovun su dezideet ...
Alpha, beta, gamma, delta –,
Wie et nor ene Goldschmed zeet.
Weed et »Blatt« en't Huus gedrage,
Jeder föhlt sich do geeh't,
Dä e Plääzge dren gefunge.
Kaum en Uuswahl schingk verkeht.

»Delikat«, mööch mer do sage,
Wa'mer singe Wööt su luusch.
Wat em Kölsch-Historie-Wage
Zo uns kütt vör un zonoh,
Kann der Mage wal verdrage,
Un de Zung die schleck donoh.

Vill, off »Merci« mööch ich sage
Haa ... aah ... HAH, däm brave Mann!
Sechzig ess *Hä* no gewoode.
Wat e Glöck, dat mer *In* han!

Nit nor dat, zo däm Gebootsdag
Geiht Gebett durch Hätz un Senn:

»Leeve Här, dun *In* erhalde.
Helf *Im*, schenk *Im* mänch e Johr
Kraff, sich wigger zo entfalde,
Wie et gode Zick ald wor.

Här, Do weiß, 't ess bannig schwer,
Pohl zo halde su wie *Hä*
Un ganz gewess, mer danken et Der.

Hör vun uns dozo ein Stroph
Im zor Ehr un Deer zom Lovv:

Do bess Vatter för uns all.
Hä ess Fründ em kölsche Levve.
Helf uns, dat dä kölsche Kall
Bliev uns Sproch, geschwadt, geschrevve,
Wie et wor en Freud un Leid.
Här, Do weiß öm uns Bescheid.«

Alaaf!

GLÖCK

Glöck ess kein Dotzendwar

Mer han en Dotzend Mond em Johr,
Zwölf Stund hät jede Dag.
Met zwölf geiht och de Naach eröm,
Wa'mer se su lang mag.

Un zwölf Apostel hatt der Här,
De Groß hatt zwölf klein Quös.
Uns sin hück drei ald vill ze döör,
Wohin met däm Gemös?

Em Dotzend kaufe mer de Söck,
Rievkooche, Brütcher, Pröll.
Mer hätte gään em Dotzend Glöck,
Dat weed uns nie ze vill.

Doch Glöck, dat ess kein Dotzendwar,
Dat muss mer eesch ens han.
Dat käuf mer nit, och nit för bar,
Wie kütt mer do bloß dran?

Kleinigkeite

Dat kleine Geld,
Dat kleine Glöck em Winkel,
Dat ess et, wat mer bruch
En su ner Welt.

Dä fruhe Mot,
Dä fruhe Senn en Hötte,
Dovun ess nie genog
En su ner Welt.

Dä kölsche Klaaf,
Wo ess hä nor geblevve?
Et blevv kein Zick doför
En unser »schöne« Welt.

Draum

Han Fredde gesook,
Han Fredde gefunge,
Mer sin ens drei Däg Fredde gelunge.

Han Minsche gesook,
Han Minsche gefunge,
Mer sin drei Däg met Minsche gelunge.

Han Heimat gesook,
Han Heimat gefunge,
Mer ess ens widder Heimat gelunge.

Un klore Looch
Un Sonn am Himmel
Un deefe Bösch
Ohne Fähler un stell
Un klore Gewässer
Wie Morgetau hell.

Un Vügel em Flog,
En herrlich Gewimmel,
Un ich för e Püüsge
Dankbar un satt –
Kei Geff mieh en Kölle,
En ner glöckliche Stadt!

Sulang derheim...

Et Levve wie ne kleine Köttel spöre,
Ne Köttel, däm sing Moder säht:
No dun mer nit op andre höre,
Dun leever, wat die Mutter säht.

Däm Köttel geiht et dann em Levve
Su wie et andre Köttele geiht.
Noch immer hät et Knuuze gevve
För jeder, dä em Levve steiht.

En Büül am Kopp, zeresse Botze,
Dat ess för Pänz ald allerhand.
Doch leider bliev et nit bei Botze,
Et Levve hät noch mieh zor Hand.

Sulang de heimgonn kanns wie Puute,
Wann Trone laufe un de Nas –
De Mutter schängk e paar Minutte,
Doch hält se ehre Köttel fass,

Putz im de Nas un drüg de Backe,
Mäht unger'm Schänge noch ne Wetz.
Do bruchs ding Saache nit ze packe,
Sulang derheim en Mutter sitz.

Dä kölsche Klaaf,
Wo ess hä nor geblevve?
Et blevv kein Zick doför
En unser »schöne« Welt.

Draum

Han Fredde gesook,
Han Fredde gefunge,
Mer sin ens drei Däg Fredde gelunge.

Han Minsche gesook,
Han Minsche gefunge,
Mer sin drei Däg met Minsche gelunge.

Han Heimat gesook,
Han Heimat gefunge,
Mer ess ens widder Heimat gelunge.

Un klore Looch
Un Sonn am Himmel
Un deefe Bösch
Ohne Fähler un stell
Un klore Gewässer
Wie Morgetau hell.

Un Vügel em Flog,
En herrlich Gewimmel,
Un ich för e Püüsge
Dankbar un satt –
Kei Geff mieh en Kölle,
En ner glöckliche Stadt!

Sulang derheim...

Et Levve wie ne kleine Köttel spöre,
Ne Köttel, däm sing Moder säht:
No dun mer nit op andre höre,
Dun leever, wat die Mutter säht.

Däm Köttel geiht et dann em Levve
Su wie et andre Köttele geiht.
Noch immer hät et Knuuze gevve
För jeder, dä em Levve steiht.

En Büül am Kopp, zeresse Botze,
Dat ess för Pänz ald allerhand.
Doch leider bliev et nit bei Botze,
Et Levve hät noch mieh zor Hand.

Sulang de heimgonn kanns wie Puute,
Wann Trone laufe un de Nas –
De Mutter schängk e paar Minutte,
Doch hält se ehre Köttel fass,

Putz im de Nas un drüg de Backe,
Mäht unger'm Schänge noch ne Wetz.
Do bruchs ding Saache nit ze packe,
Sulang derheim en Mutter sitz.

Freiheit – Glöck – Geld

Freiheit, mööch ich meine,
Bruch et Minschehätz,
Freiheit ess dat eine
Große, Glöck dat andere Kleine.
Geld, dat kütt zoletz.

Wä nit frei ess,
Kann nit glöcklich sin.
Un met Gold behange
Hinger Ieserstange
Ess et Levve
Ohne Senn.

Üvverall, wo Geld em Spill ess,
Weed de Freiheit klein.
Wat weed alles opgenomme,
Nor för aan et Geld ze kumme,
Weed su mänche Foßtrett
Weggesteck.

Ess dat Freiheit,
Sich ze arrangeere,
Sich et Hätz verschängeleere
Nor för Grosche, die dich widder zwinge,
Dich aan't Konsumeere bränge,
Aan die Saache,
Die do gar nit bruchs?

Da'ss kein Freiheit,
Die do stich em große Portmannee.
Sich jet kaufe
Ess wie Hasch,

Nor Ersatz för Liberté.
Denne, die do laufe,
Sammele op große Haufe,
Ess de Freiheit bal passé.

Freiheit,
Dat ess denke, sage, dun,
Un nit froge:
Darfs de? Kanns de?
Passeet och nix? Un:
Häss de dann och jet dovun?
Mäht sich dat bezahlt?
Brängk dat och Luhn?

Un die Freiheit,
Dun ich meine,
Kütt ze koot en unser Zick.
Mer sin noh beim Büggel Geld,
Doch vun der Freiheit
Sin mer wick.

Han met Maggel aangefange,
Uns dann an DM gehange,
Uns geduck noh alle Sigge,
Un doch kann uns keiner ligge.
Dann met Geld weed mer zwor rich,
Doch nit frei, dat sag' ich üch.

Freiheit, die deit uns manqueere,
Öm ze sin su wie de Häre.
Ohne Freiheit ess mer wie ne Fuss,
Dä sich vill zesamme luchs,
Doch vun keinem weed geaach.
Dann bedenkt, et kütt dä Dag:

Freiheit – Glöck – Geld

Freiheit, mööch ich meine,
Bruch et Minschehätz,
Freiheit ess dat eine
Große, Glöck dat andere Kleine.
Geld, dat kütt zoletz.

Wä nit frei ess,
Kann nit glöcklich sin.
Un met Gold behange
Hinger Ieserstange
Ess et Levve
Ohne Senn.

Üvverall, wo Geld em Spill ess,
Weed de Freiheit klein.
Wat weed alles opgenomme,
Nor för aan et Geld ze kumme,
Weed su mänche Foßtrett
Weggesteck.

Ess dat Freiheit,
Sich ze arrangeere,
Sich et Hätz verschängeleere
Nor för Grosche, die dich widder zwinge,
Dich aan't Konsumeere bränge,
Aan die Saache,
Die do gar nit bruchs?

Da'ss kein Freiheit,
Die do stich em große Portmannee.
Sich jet kaufe
Ess wie Hasch,

Nor Ersatz för Liberté.
Denne, die do laufe,
Sammele op große Haufe,
Ess de Freiheit bal passé.

Freiheit,
Dat ess denke, sage, dun,
Un nit froge:
Darfs de? Kanns de?
Passeet och nix? Un:
Häss de dann och jet dovun?
Mäht sich dat bezahlt?
Brängk dat och Luhn?

Un die Freiheit,
Dun ich meine,
Kütt ze koot en unser Zick.
Mer sin noh beim Büggel Geld,
Doch vun der Freiheit
Sin mer wick.

Han met Maggel aangefange,
Uns dann an DM gehange,
Uns geduck noh alle Sigge,
Un doch kann uns keiner ligge.
Dann met Geld weed mer zwor rich,
Doch nit frei, dat sag' ich üch.

Freiheit, die deit uns manqueere,
Öm ze sin su wie de Häre.
Ohne Freiheit ess mer wie ne Fuss,
Dä sich vill zesamme luchs,
Doch vun keinem weed geaach.
Dann bedenkt, et kütt dä Dag:

Wo mer all frei sin un einerlei sin.
Et letzte Hemb, dat hät kein Täsch.
Et letzte Huus, dat ess nor klein.
Om letzte Gang bess do allein.
Do deis der letzte Kühm dobei,
Der Herrgott säht:
Ich ben esu frei!

Himmel un Ääd met Blotwoosch

Himmel un Ääd met Blotwoosch ess
För der Buch e Kirmesfess,
Himmel un Ääd met Blotwoosch ess
För der Buch e Fess.
Jeder Kleinekindermage
Kann Himmel un Ääd met Woosch verdrage.
För jede Kleinekindermage
Ess die Flönz et Bess!

    Hück hät jeder jet am Mage,
    Kann nix Godes mieh verdrage.
    Dat kütt vun all dä Frittebüdcher,
    Pumfritt met Majonäs en Tütcher.
    Jeden Dag bal gitt et hück
    Lachs un Kaviar för de Lück.
    Nor noch av un zo met Loss
    Geiht et aan uns Huusmannskoss:

Himmel un Ääd met Blotwoosch ess...

Dobei weiß doch jederein:
Et darf nit immer Kaviar sein.
Och die Mädcher knusperig jung
Maachen öntlich Amelung.
Av un aan e Gläsge Seck
Mag mer gän, un wie dat schmeck!
Ävver söns bliev mer beim Kölsch
Un bei dem leckere Essgemölsch:

Himmel un Ääd met Blotwoosch ess...

Uns Levve

Dat bessge Levve, wat mer han,
Dat ess su flöck verledde.
Dröm haldt dran fass, ov Frau ov Mann,
Un maht üch Freud, haldt Fredde.
Un tirvelt och de Zick dohin,
Blievt met de Föß op Ääde.
Bedenkt, dat meer all Minsche sin.
Dat weed nie andersch wäde.

Dat ess en Rio grad esu
Wie Unger Krahnebäume.
Der Himmel ess op Ääde nit,
Do ka'mer nor vun dräume.
Doch eine Sproch gilt üvverall,
Dä pass en jedes Veedel:
Ärm Jecke sin meer Minsche all,
Ärm Jecke, ävver edel.

Dat bessge Levve ess ne Draum,
Et do't noch kei Johrhundert.
Et ess vörbei, do merks et kaum,
Do lohrs nor ganz verwundert.
Doch küss de ens beim Herrgott aan,
Dann dun im höösch verzälle:
Wöllts do ding Freud em Himmel han,
Mööt dä su sin wie Kölle.

Loß mer noch ens Blömcher plöcke

Han mer nit en Kinderdage
Op der Stroß et Rad geschlage?
Spillten Ömmer, Dilledopp,
Av un aan wood sich verklopp;
Spillten Räuber un Schanditz,
Met de Mädcher Höppemötz,
Sich versteche, noh sich laufe,
Salmiakpastillcher kaufe,
Wä hät Angs vörm schwazze Mann
Un och Bruck un Bräutigam.
Botterblömcher sook mer dann,
Jeder wollt e Kränzgen han.
Triff sich hück noch ens dä Kreis,
Och endoch, dann singk mer leis:

Loß mer noch ens Blömcher plöcke
Su wie en der Kinderzick.
Loß mer noch ens Döppcher schmecke,
Och enä, wat litt dat wick!

Loß mer noch ens Blömcher plöcke
Su wie en der Kinderzick
Un uns Pöppche aan uns dröcke,
Dann et gitt kei größer Glöck.

Wann e Mädche gerode ess!

Wann e Mädche gerode ess,
Kumme de Junge ganz gewess,
Ess et bal gebunge.
Dann verlieb ess mer esu flöck,
Bal weed Hätz aan Hätz gedröck,
Em Rüppche sin se verheerot,
Em Rüppche sin se verheerot.

Läht ne Jung ens singe Ärm
Öm e Mädche söß un wärm,
Fängk et Blot aan rose.
Nä, dann hilf och nit Verstand,
Och nit, dat de Moder schant.
Dann welle die Zwei et wesse,
Dann welle die Zwei et wesse.

Wann e Mädche freie deit,
Met nem faste Jung ald geiht,
Weed et luuter schöner.
Schängk die ahle Juffer Ann,
Dann die hät jo keine Mann,
Hät ere keine kräge.
Wä wor dann bloß dogäge?

Dröm, ehr Junge, haldt üch dran
Aan et Drückche, Bell ov Ann,
Bütze ka'mer lihre.
Verlieb, verlob, verheerot sin
Gitt dem Levve schöne Senn,
Liet de Hätze brenne.
Mer kann sich dran gewenne.

Ärm Jecke em Rähn

Ärm Jecke em Rähn, ärm Jecke em Rähn,
Ehr Lück, no gevvt ens Aach!
Ärm Jecke em Rähn, ärm Jecke em Rähn,
Die sin ens hück uns Saach!
Ärm kumme Jecke en de Welt,
Sin ärm e Levve lang.
Un wann se ens der Düvel höllt,
Dann sin se och nit bang.

Ärm Jecke em Rähn, ärm Jecke em Rähn,
Die han en lange Fah't.
Ärm Jecke em Rähn, ärm Jecke em Rähn,
Die sin vun kölscher Aat.
Ärm Jecke trecken durch de Welt
Un laache frei nixnotz.
Un wann se ens der Düvel höllt,
Mäht keiner en de Botz.

Ärm Jecke em Rähn, ärm Jecke em Rähn,
Sin immer hell dobei.
Ärm Jecke em Rähn, ärm Jecke em Rähn,
Un rähnt et wie em Mai.

Ärm Jecke halde fruhe Mot,
Et Engk em freie Bleck,
Un sin, sulang et Levve do't,
Vergnögte ärme Söck.

Stelle Welt

E Hüüsge han ich gefunge
En der Eifel am stelle Platz
Met Köh, die nit aangebunge,
Vör'm Finster en fusse Katz.

Et ess su stell vör dem Hüüsge,
Mer hööt, wann en Hummel badt.
Rundsöm stonn Heggerüsge,
Stonn Döff un Fredde parat.

Bei Naach do hör' ich de Stäne
Bei ehrem fääne Disköösch,
Kunzäät vun dausend Stäne,
De Welt ess su stell un höösch.

Mie Städtche aan der Ahr

Ich kunnt die Stadt ald immer ligge.
Ehr Flaster ess uus ahle Zigge,
Un Mädcher gonn do wunderbar.
De Hüüser han noch Minschemoß,
Jet kromm un scheif ess mänche Givvel,
Se laache op dä kleine Fluss.

Dat kleine Städtche aan der Ahr,
Wo Schwalve öm de Moore jöcke,
Gelägentlich sich Päärcher dröcke,
Nit immer sin se och vun he.
Die Stadt, die steiht su en der Zick
Met ehre gode, stelle Auge,
Als wör et Engk noch wick.

Et Wasser driev zom Müllerad,
Em koote Stau stonn höösch Forelle,
Mer hööt em Hoff e Hüngche belle,
Ne Boor kütt met ner Kar voll Klie.
Zwei, die sich gään han, gään wie nie,
Spören sich selvs nor, selvs un wie.
Et ess esu stell, wäg sich kei Blatt.

Dem Weet aan der Eck

Wat hätt' et Levve för ne Zweck,
Wör nit de Weetschaff aan der Eck!
Mer söß derheim un köm nit fott.
Mer wör sich noch vill flöcker kott,
Wie dat och su ald mügelich ess.
Mer söß vör singer Äugelskess,
Bes dat et Elf geschlagen hätt',
Un ging dann muuzig en et Bett.

Em Hus do kennt mer keiner mieh,
Mer tritt sich nit mieh op de Zih',
Zentral geheiz, zentral bewässert,
Et hät sich alles jo gebessert.
Der Teppich weed nit mieh geklopp,

Mer höllt kein Kolle mieh erop,
Hät singe eigene AB,
De Trapp putz Engelmann & Glee.
Wat wöss mer noch vun Nohbersch Dreck,
Wör nit de Weetschaff aan der Eck.

Do weed mer doch ens jet gewahr,
Do kann mer schwade hott un har,
Do pack noh'm fünfte Gläsge Truß
Der Jupp et Hätzekühlche uus.
Der Häns verzällt vum Knies am Bau
Un singe Sorge met der Frau.
Och dä gesalvten Här met Hot,
Däm geiht et lang ald nit mieh got.
Sie Krömche weed bal och geschleck
Vun su nem Superlade deck.
Dä ein mäht Foßball, dä fährt Rad,
Un üvver alles weed geschwadt.
Et weed gedrunke un gekäut –
He ess der Maat för Sorg un Freud.
He hät et Levve Senn un Zweck,
He en der Weetschaff aan der Eck!

MODERN ZIGGE

Ävver de Wohrheit

De Wohrheit sage, dat wör Umweltschutz,
Et weed su vill geloge, bal för jede Futz.
Met Wohrheit wööd et Levve blankgeputz.
Doch keiner sprich vun Wohrheit, nor vum
  Umweltschutz.

Mer schötze Ameise un Hummele un Wanze,
Mer schötze Hirring, Kaviar un et Ganze
Un schötze Bäum un Planze, alles met Aki.
Doch dat, wat nüdig wör, dat du'mer eintlich nie.

De Wohrheit sage, dat wör Umweltschutz...

Jo mer verbeede Liebe, Appelkoon un Rauche,
Verbeede LSD un Bleibenzin un Jauche,
Verbeede Üvvermot un Leichsenn un Genie.
Doch dat, wat nüdig wör, dat du'mer eintlich nie.

De Wohrheit sage, dat wör Umweltschutz...

Mer sin ganz jeck op Ärme, Schwazze un op Wärme,
Un sin ganz jeck, wann se nix koss, un schwärme,
För de Geräächtigkeit, för Fredde, doch auwieh:
Grad dat, wat nüdig wör, dat du'mer eintlich nie.

De Wohrheit sage, dat wör Umweltschutz...

MODERN ZIGGE

Ävver de Wohrheit

De Wohrheit sage, dat wör Umweltschutz,
Et weed su vill geloge, bal för jede Futz.
Met Wohrheit wööd et Levve blankgeputz.
Doch keiner sprich vun Wohrheit, nor vum
    Umweltschutz.

Mer schötze Ameise un Hummele un Wanze,
Mer schötze Hirring, Kaviar un et Ganze
Un schötze Bäum un Planze, alles met Aki.
Doch dat, wat nüdig wör, dat du'mer eintlich nie.

De Wohrheit sage, dat wör Umweltschutz...

Jo mer verbeede Liebe, Appelkoon un Rauche,
Verbeede LSD un Bleibenzin un Jauche,
Verbeede Üvvermot un Leichsenn un Genie.
Doch dat, wat nüdig wör, dat du'mer eintlich nie.

De Wohrheit sage, dat wör Umweltschutz...

Mer sin ganz jeck op Ärme, Schwazze un op Wärme,
Un sin ganz jeck, wann se nix koss, un schwärme,
För de Geräächtigkeit, för Fredde, doch auwieh:
Grad dat, wat nüdig wör, dat du'mer eintlich nie.

De Wohrheit sage, dat wör Umweltschutz...

Phosphor, Phosphat, Würm

Junge: Wann mähs de noch ens Fesch, Mutter?
Mutter: Fesch?
Junge: Jo Fesch, Mutter.
Mutter: Friedags gitt et Fesch, Jüngelche, dat weiß de doch.
Junge: Och nöhkste Friedag, Mutter?
Mutter: Eja, och nöhkste Friedag. Woröm?
Junge: Darf ich dann zoloore?
Mutter: Wobei zoloore? Hm?
Junge: Wann do dä Fesch uusnemme deis?
Mutter: Woröm?
Junge: Ich well sinn, wat do dren ess. Der Lehrer hät gesaht, do wör Phosphor dren en däm Fesch.
Mutter: Jecke Phosphor.
Junge: Kanns de dä Fesch am Ovend uusnemme, Mutter?
Mutter: Am Ovend, woröm?
Junge: Dann du'mer et Leech uusmaache, un wann dä Fesch dann leuchte deit, dann künne mer jo sinn, ov Phosphor dren ess.
Mutter: Do ess keine Phosphor dren.
Junge: Hät der Lehrer ävver gesaht, Mutter. Un och Bleiknübbelcher, Mutter, hät der Lehrer gesaht, un Queckselver, Mutter.
Mutter: Wie solle die Fesch dann do dran kumme, Jüngelche? Dinge Lehrer hät villeich en Phantasie!
Junge: Kann doch sin, Mutter! Wann do su Scheffe ungergonn, dann gonn och die Thermometer met unger. Un die laufe dann uus unger Wasser, un die Fesch fresse dann dat Queckselver.

Mutter: Ich gläuve, ich muss ens et Fieberthermometer krige, för ding Temperatur ze messe. Wat meins de eigentlich, wievill Thermometer do eröm schwemme un wievill Fesch?

Junge: Ävver Blei, Mutter, uus däm Benzin, wat all uusläuf, un Phosphat uus denne Düngemittel en Schleswig-Holstein, hät der Lehrer gesaht. Jo, Mutter, mähs de't am Donnerschdagovend? Jo? Ich gonn extra nit nohm Turne, ich well et leuchte sinn!

Mutter: Ich gläuve, ich muss ens met däm Lehrer spreche. Dä mäht dich jo knatschjeck.

Junge: Oh nä, Mutter! Der Lehrer hät gesaht, ich soll mer dat aansinn, wann ming Mutter Fesch mäht, dat wör ene praktische Naturkundeunterrich.

Mutter: Wat soll dann no dat ald widder, Jüngelche? Woför geihs de eigentlich en de Schull?

Junge: Et ess jo nor wägen däm Phosphor, Mutter. Ich well doch nor ens sinn, ov die Fesch leuchte dun.

Mutter: Quatsch!

Junge: Un dann, Mutter, hät der Lehrer gesaht, sollt ich ens loore, do wöre villeich Würm dren, Mutter, en denne Fesch...

Mutter: Wells de jetz wal stell sin, do verdirvs einem jo der ganze Appetit, alsu su jet!

Junge: Hät unse Lehrer och gesaht. Im wör der Appetit ald vergange. Villeich däte mer besser gar kein Fesch mieh esse.

Mutter: Wo dinge Lehrer sich dröm kömmert. Alsu, dat ess jo nit ze fasse. Loß dinge Vatter nor heimkumme! Do wäde mer doch ens sinn, ov dinge Lehrer...

Phosphor, Phosphat, Würm

Junge: Wann mähs de noch ens Fesch, Mutter?
Mutter: Fesch?
Junge: Jo Fesch, Mutter.
Mutter: Friedags gitt et Fesch, Jüngelche, dat weiß de doch.
Junge: Och nöhkste Friedag, Mutter?
Mutter: Eja, och nöhkste Friedag. Woröm?
Junge: Darf ich dann zoloore?
Mutter: Wobei zoloore? Hm?
Junge: Wann do dä Fesch uusnemme deis?
Mutter: Woröm?
Junge: Ich well sinn, wat do dren ess. Der Lehrer hät gesaht, do wör Phosphor dren en däm Fesch.
Mutter: Jecke Phosphor.
Junge: Kanns de dä Fesch am Ovend uusnemme, Mutter?
Mutter: Am Ovend, woröm?
Junge: Dann du'mer et Leech uusmaache, un wann dä Fesch dann leuchte deit, dann künne mer jo sinn, ov Phosphor dren ess.
Mutter: Do ess keine Phosphor dren.
Junge: Hät der Lehrer ävver gesaht, Mutter. Un och Bleiknübbelcher, Mutter, hät der Lehrer gesaht, un Queckselver, Mutter.
Mutter: Wie solle die Fesch dann do dran kumme, Jüngelche? Dinge Lehrer hät villeich en Phantasie!
Junge: Kann doch sin, Mutter! Wann do su Scheffe ungergonn, dann gonn och die Thermometer met unger. Un die laufe dann uus unger Wasser, un die Fesch fresse dann dat Queckselver.

Mutter:	Ich gläuve, ich muss ens et Fieberthermometer krige, för ding Temperatur ze messe. Wat meins de eigentlich, wievill Thermometer do eröm schwemme un wievill Fesch?
Junge:	Ävver Blei, Mutter, uus däm Benzin, wat all uusläuf, un Phosphat uus denne Düngemittel en Schleswig-Holstein, hät der Lehrer gesaht. Jo, Mutter, mähs de't am Donnerschdagovend? Jo? Ich gonn extra nit nohm Turne, ich well et leuchte sinn!
Mutter:	Ich gläuve, ich muss ens met däm Lehrer spreche. Dä mäht dich jo knatschjeck.
Junge:	Oh nä, Mutter! Der Lehrer hät gesaht, ich soll mer dat aansinn, wann ming Mutter Fesch mäht, dat wör ene praktische Naturkundeunterrich.
Mutter:	Wat soll dann no dat ald widder, Jüngelche? Woför geihs de eigentlich en de Schull?
Junge:	Et ess jo nor wägen däm Phosphor, Mutter. Ich well doch nor ens sinn, ov die Fesch leuchte dun.
Mutter:	Quatsch!
Junge:	Un dann, Mutter, hät der Lehrer gesaht, sollt ich ens loore, do wöre villeich Würm dren, Mutter, en denne Fesch...
Mutter:	Wells de jetz wal stell sin, do verdirvs einem jo der ganze Appetit, alsu su jet!
Junge:	Hät unse Lehrer och gesaht. Im wör der Appetit ald vergange. Villeich däte mer besser gar kein Fesch mieh esse.
Mutter:	Wo dinge Lehrer sich dröm kömmert. Alsu, dat ess jo nit ze fasse. Loß dinge Vatter nor heimkumme! Do wäde mer doch ens sinn, ov dinge Lehrer...

Schneiwießge un de sibbe Heizemänncher

Dä Eeschte:	Ich ha'mer e Mührche geschrapp!
Dä Zwette:	Ich ha'mer Sprüütcher geputz!
Dä Drette:	Ich dun mer ne Koppschlot wäsche!
Dä Veete:	Ich dun Zellerei op der Desch!
Dä Fünfte:	Ich maache Schavue parat!
Dä Sechste:	Ich maache dä Kappes Zaldat!
Dä Sibbente:	Ich dun de Quallmänner dobei!
Schneiwießge:	Öm Goddes welle, passt op! Mer fährt ne Schreck durch alle Glidder!
De Heizemänncher:	Mein Gott, wat ess loss, wat ess dann ald widder?
Dä Eschte:	En de Mührcher ess Stickstoff?
Dä Zwette:	En de Spruute stich Blei?
Dä Drette:	Em Koppschlot dat Cadmium?
Schneiwießge:	Jo – alles vörbei!
Dä Veete:	Em Zellerei ess et radioaktiv?
Dä Fünfte:	Em Schavue, do stemmp jet nit?
Schneiwießge:	Mer rüch et am Mief!
Dä Sechste:	Em Kappes Salpeter, su'n Biesterei!
Dä Sibbente:	Wä dät dann dat Geff en dä Äädäppelsbrei?
Dä Eeschte:	Wä hät mie Tellerche vergeff?
Dä Zwette:	Wä hät mie Löffelche gezink?
Dä Drette:	Wä mäht dann dä verdammte Möff?
Dä Veete:	Wä mäht dann, dat et he esu stink?
Dä Fünfte:	Wä mäht de Looch su gatz?
Dä Sechste:	Wäm ess Atom geplatz?
Dä Sibbente:	Wä mäht uns langsam hin?
De Heizemänncher:	Einer muss dat doch sin!

Schneiwießge: Dä Stickstoff-, Salpeter-, Blei-,
Cadmium-, dä radioaktiv verseuchte
Gemöskrom mäht üch kapott!
De Heizemänncher: Nor der Chemie, der Stickstoff-,
Salpeter-, Blei-, Cadmium-, der
radioaktive Möll produzeerende
Industrie geiht et got!

Rette mer de Frösch!

Minsche gitt et,
Die helfe de Frösch
Üvverlevve.
Ävver däm Nohber
Jet gevve,
Dat pass nit
En ehr Levve.

Minsche gitt et,
Die rette de Frösch.
Wä ävver lösch
Nohbersch Daach,
Wann et brennt?

Rette du'mer de Frösch
Un de eige Koosch.
Un weed gelösch,
Lösche mer unsen Doosch.

Die grön Männcher

Wir Männlein stehn im Walde
Ganz stell un stumm.
Mer loren en däm Bösch ens
Ganz höösch erum:
Wat mag dann met dä Bäum bloß sin?
Ess vill ze winnig Levve dren –
Die müsse wal am sterve,
Am sterve sin.

Wir Männlein stehn im Walde
Op einem Bein;
Un luustere un froge
För uns allein:
Bösch, wo ess die Levve hin,
Ess kei Levve en der dren?
Bösch, do muss am sterve,
Am sterve sin.

Wir Männlein stehn im Walde
Un kriesche stell;
Mer künnen et nit fasse,
Dat Minschespill:
Ess üch Minsche nit gewess,
Dat dä Bösch ör Levve ess?
Deit dä Bösch üch sterve,
Dann sid ehr hin.

Datenbank

Ich ha'mer ene PC gekauf,
Do soll mer nit dran spare.
Dann leever eimol winniger mieh
En Urlaub ens gefahre!
Ich schrieve dann de Kaate he
Ald vördateet un termineet:
Mallorca Fröhjohr, Spanie Hervs
Un fünfunnüngzig noh Sibirie.
Wat saht ehr, geiht nit? Un ov dat geiht,
Die Dinger sin verlässlich.
Wa'mer nor met der Technik geiht,
Derohne wör ich jo untrößlich.
Wat do nit all gespeichert ess
Aan Akte, Wesse, Date!
Do stonn sugar ald Saache dren,
Die mer noch gar nit hatte!
Wat koss en Gurk 2004,
Et Kölsch 2010,
Dä Pries em »Hyatt«, »Maritim«,
De Priese en der Hoonstroß, ech!
Mer soll't nit gläuve, su e Ding us Blech,
Dat hät villeich hück Saache drop!
Mer wör dat alles vill ze schwer
För minge ahle Kopp.
Dat Dinge föllt sich Dag för Dag,
En mer, do weed et leer.
Well Margret wesse, wat ich mag
Am Mondag, Mettwoch, Donnerschdag,
Nimmb et dat Dinge vör.
Un frogen ich noh'm Vattertag
Un wie et met uns stünd:
»Frog mich jet Leichteres«, heiß et dann,

Die grön Männcher

Wir Männlein stehn im Walde
Ganz stell un stumm.
Mer loren en däm Bösch ens
Ganz höösch erum:
Wat mag dann met dä Bäum bloß sin?
Ess vill ze winnig Levve dren –
Die müsse wal am sterve,
Am sterve sin.

Wir Männlein stehn im Walde
Op einem Bein;
Un luustere un froge
För uns allein:
Bösch, wo ess die Levve hin,
Ess kei Levve en der dren?
Bösch, do muss am sterve,
Am sterve sin.

Wir Männlein stehn im Walde
Un kriesche stell;
Mer künnen et nit fasse,
Dat Minschespill:
Ess üch Minsche nit gewess,
Dat dä Bösch ör Levve ess?
Deit dä Bösch üch sterve,
Dann sid ehr hin.

Datenbank

Ich ha'mer ene PC gekauf,
Do soll mer nit dran spare.
Dann leever eimol winniger mieh
En Urlaub ens gefahre!
Ich schrieve dann de Kaate he
Ald vördateet un termineet:
Mallorca Fröhjohr, Spanie Hervs
Un fünfunnüngzig noh Sibirie.
Wat saht ehr, geiht nit? Un ov dat geiht,
Die Dinger sin verlässlich.
Wa'mer nor met der Technik geiht,
Derohne wör ich jo untrößlich.
Wat do nit all gespeichert ess
Aan Akte, Wesse, Date!
Do stonn sugar ald Saache dren,
Die mer noch gar nit hatte!
Wat koss en Gurk 2004,
Et Kölsch 2010,
Dä Pries em »Hyatt«, »Maritim«,
De Priese en der Hoonstroß, ech!
Mer soll't nit gläuve, su e Ding us Blech,
Dat hät villeich hück Saache drop!
Mer wör dat alles vill ze schwer
För minge ahle Kopp.
Dat Dinge föllt sich Dag för Dag,
En mer, do weed et leer.
Well Margret wesse, wat ich mag
Am Mondag, Mettwoch, Donnerschdag,
Nimmb et dat Dinge vör.
Un frogen ich noh'm Vattertag
Un wie et met uns stünd:
»Frog mich jet Leichteres«, heiß et dann,

»Woför ha'mer dä Computer aan,
Dä ess doch informeet.«
Dat Dinge geiht jo met uns met –
Ov esse, putze, bade, schlofe.
Wa'mer dä richtige Drieh nit kritt,
Weed noh'm PC gerofe.
Dä säht uns winnigstens Bescheid,
Dat Selver-Denke weed mer leid.
Och et Behalde mäht Moleste.
Schafft üch Computer aan, de beste
Sin hück belliger ald, als wie noh'm Doktor laufe.
De Siel weed frei, der Kopp weed leer,
Es drückt kein Liebesleben mehr.
Statt Samenbank jetz Datenbank.
Die hät dä Tiger jetz em Tank. Olé!

Elektronische Schublad

Immer widder en en Schublad gedaut,
Immer widder en e Schema gepress,
Immer widder en nem Rahme gesinn,
Immer widder met ner Nummer versinn,
Dann hück bess de em Computer,
Em Computer, em Computer,
Em Computer stichs de dren.

Immer widder vun der Software verdaut.
Immer widder weed die Datum geklaut,
Immer widder weed die Beld registreet,
Immer widder ding Bilanz kontrolleet,
Dann hück bess de em Computer,

Em Computer, em Computer,
Em Computer stichs de dren.

Immer widder weed ding Wonnung gecheck,
Immer widder ding Famillich beleck,
Immer widder die Geheensschmalz getess,
Immer widder och, wie fit do noch bess,
Dann hück bess de em Computer,
Em Computer, em Computer,
Em Computer stichs de dren.

Kreeg dem Kreeg

Kreeg em halve, volle Dotzend,
Kreeg am Euphrat, Tigris, Don.
Kreeg, nor Kreeg un keinem notzend,
Minscheglöck muss dren vergonn.

Kreeg en Dotzende vun Johre,
Dren de Minschheit malträteet;
Hass un Älend weed gebore,
Un uns Welt läuf ganz verkeht.

Kreeg dem Kreeg, mer sin dogäge,
Dat hä sich su wiggerfriss.
Eimol sollt doch Fredde wäde,
Eimol Fredde ganz gewess.

    Köm doch Fredde Stund öm Stund,
    Un de Minschheit wööd gesund!

Libanon

Wo ess die Zeder vum Libanon?
Oh, sing dat ahle Leed!
Schön wor die Zeder vum Libanon,
Oh, sing dat ahle Leed!

Sing vum Älend,
Sing vum Dud,
Sing vun Blot un Brand;
Sing vun Ärmot,
Sing vun Nut,
Sing vum Kreeg em Land!

Wo die Zeder vum Libanon
Langbesunge steiht.
Schön wor die Zeder vum Libanon,
Oh, sing dat ahle Leed!

Golfspill

Doch am Golf, do gitt et
Widder dat ahle Spill:
Jede Jeck ess anders,
Kann maache, wat hä well.
Ölscheichs un Ölmultis
Sahne richtig av,
Un dä Fredde schwemmb ens
Widder de Baach erav.

Grad noch wore mer glöcklich:
Mein Gott, et Ies, dat schmilz,
Fott dä iesere Vörhang,
De Perestroika wills.
De Russe un de Amis
Gonn op enander zo,
Em Oste un em Weste,
Do ödeme Minsche fruh!

    Doch am Golf, do gitt et...

Grad hät mer Rakete
Un dat schlemme Geff
Fottgeschaff met Schuddere
Op e einsam Riff.
Minscheauge strohle,
Ess et dann och wohr?
Oder stonn bal widder
Uns zo Birg de Hoor?

    Doch am Golf, do gitt et...

Grad noch wood Entspannung
Uns ganz groß gemeldt,
Ging ene deefe Kühm ens
Öm de ganze Welt.
Grad noch hät noh Johre
Mäncher jubileet
Un no widder anders,
Alles ganz verkeht!

    Doch am Golf, do gitt et...

Herzegowina

Herzegowina – Herzegowina,
En Bosnie ess Kreeg,
En Serbie, Kroatie,
Un immer widder Kreeg.

En Sarajewo Bombenaach,
Et kraach un brennt en Split,
Un Panzer rolle Dag för Dag,
Do kütt kei Minsch mieh met.

Gewalt ess Trump, Gewalt, die zällt,
Gewalt aan Frau un Kind,
Gewalt un Dud un Föör em Wind:
Gewalt ess Trump, die hält.

Herzegowina – Herzegowina,
Su schreit de ganze Welt.
Herzegowina – Herzegowina,
En ganze Welt zerfällt.

Dä Balkanhimmel rut vun Glot
Un keiner do, dä lösch.
En ganze Welt un keine Mot,
Nor Föör un keiner lösch.

Gewalt ess Trump, Gewalt, die zällt,
Gewalt aan Frau un Kind,
Gewalt un Dud un Föör em Wind:
Gewalt ess Trump, die hält.

Konjunktor

Konjunktor ess kolossal,
Sitz gään meddsen dren:
Riche, die op Marmor gonn,
Ärme immerhin.

Un dozwesche dann die Zoot,
Lück wie *Do* un *Ich*,
Die dren schwemme ohne Mot,
Die nit Fleisch ov Fesch.

Die et nemme, wie et kütt,
Am leevste nor et Bess;
Su e Levve, söß wie Tütt,
Bes zom letzte Ress.

Bovve die, die zälle nit,
Kütt mer doch nit dran;
Unge dann, die ärme Schwitt,
Süht mer gar nit aan.

Selver schold, dat se do sin,
Wo et bloß noch dröpp!
Konjunktor schenk immerhin
Inne e paar Knöpp.

Immer widder Konjunktor

Immer widder Konjunktor,
Saht, ehr Lück, wie kütt dat nor?
Einer hät su wie et keiner hät,
Un dä, dä alles hät,
Dä kritt noch immer jet?

Immer widder Konjunktor,
Saht, ehr Lück, wie kütt dat nor?
Eine Jeck, dä mäht dä andere jeck,
Un sin die zwei eesch jeck,
Sin nohher all jet jeck!

Zweschelager Asylante

Zwor sprich mer vill vun Asylante,
De Minsche hinger disem Reizwoot süht mer nit,
Dat Zweschelager menschlicher Probleme,
Die Minschebrennstäb Asylante,
Die wäde mer su leich nit quitt.
Do fählt et richtige Atoll noch em Pazifik,
Dat fremde Volk, nor fott domet ganz wick,
Europa hät för fremde Ärmot gar kein Zick,
Die han doch ehr Probleme selvs gestreck,
Bei uns weed grad et Huus op neu gefleck,
De Germans han doch selvs genog Moläste,
Do looren die em Oste jetz noh Weste,
Wat do glänz, muss och he bal glänze, maht nor flöck!
Do wöre mer doch nett verröck,
Sinti un Roma zo beköste,
Do kumme jo och Minsche vun ganz wick

Vum Russ, Rumänie, paar hundertdausend Stöck.
Wat die he welle, ha'mer die gerofe?
Dat ganze fremde Kroppzeug kütt gelaufe,
Die han doch nor uns Grosche fass em Bleck.
Die sage »Freiheit, Doosch op liberale Politik,
Noch immer brich der Russland et Genick,
Rumänie ess schlemmer wie beim Ceaucescu«,
Mer loore nor un froge: Mann wä bess do,
Wat brängs do för en Krankheit met?
Mer sin doch selver ens su dran gewähse,
Et ess lang her, die Zick litt wick,
Do han mer uns doch och bei Fremde satt gegesse,
Die Fremde, jo, die fung mer domols chic.

Dat ess dat ahle Leed vun Han un Krige:
Mer bütz die Hand, die gitt,
Die, die do han well, kritt ene Trett.
Mein Gott, su geiht dat doch no wirklich nit,
Bei Gott ess Gevve silliger wie Nemme,
Doch Goddes Silligkeit stööt uns noch nit.
Die krige mer späder, hööt mer sage,
Hück ess uns Rhodos he, mer danze alle Dage,
Danze för uns un nit för ander Lück.
Un doch, do blieve Asylante,
Se kummen immer neu un immer mieh,
Un danzt ehr och aan einem Stöck,
Met Danze löst ehr kein Probleme,
Dä Brennstab Minsch ess su vill unbequämer,
Met Danz un Ignoranz packt ehr
Dat Zweschelager Asylante nie!

Sin die nix?!

Un die Fremde, die he wonne,
Morgens fröh de Avfalltonne
Leere un em Dreck hanteere,
Ovends noch de Stroße kehre,
Sin die nix?

Nix die Fraue, die he putze
Flore, Avtrett, die mer notze.
Do, wo mer der Dress avlade,
Ald met Schwamm un Essig wade,
Sin die nix?

Un die Pänz met luse Auge,
Glänzend schwazze, deefe Auge,
Schwazze Köpp un krölle Hoore,
Kinder, wie mer Kinder wore:
Sin die nix?

Der kleine schwazze Türk

Mie Vatter wor Laufjung
Beim Kemal Atatürk –
Un ich ben hück dä Türk,
Dä de Huhstroß kehrt
En Kölle.

Vum Wallrafplatz
Aan de Sex-Shops vörbei,
McDonald's un Wimpy,
Dat Fritteneinerlei.

Üvver Bovve Maats-Pooze
Noh'm Heumaat erav,
Dä kleine schwazze Türk
Nimmb üch dä Brassel av.

Mie Vatter wor Laufjung
Beim Kemal Atatürk –
Un ich ben hück dä Türk,
Dä de Huhstroß kehrt
En Kölle.

Die ahle kölsche Stroß
Ald zick der Römerzick.
Met de Penner un de Popper
Un de Musikante hück,
Durch et Budegässge
Am Rothuus vörbei,
Dä kleine schwazze Türk
Fäg för üch de Biesterei.

Mie Vatter wor Laufjung
Beim Kemal Atatürk –
Un ich ben hück dä Türk,
Dä de Huhstroß kehrt
En Kölle.

Vum Wallrafplatz
Durch die ahle kölsche Stroß.
He spillt Kölle Weltstadt –
Met der Halvwelt bloß –
Üvver Göözenich un Steinwäg
En't Martinsveedel dann.
Dä kleine schwazze Türk
Deit för üch, wat 'e kann.

Mie Vatter wor Laufjung
Beim Kemal Atatürk –
Un ich ben hück dä Türk,
Dä de Huhstroß kehrt
En Kölle.

Zuteilung

Jo, liberal ess einer fix,
Die Schnüss, die schwadt,
Deit ävver nix.
Su ess dä andre sozial,
Hä miss et av me'm Lineal,
Wat jeder darf un jeder kritt.
Do bliev et sich och ganz egal,
Ov einer vill hät oder nit,
Mer sin egal un domet quitt.
Esu ze denke schingk fatal,
Fett bliev do fett un Schmal bliev schmal,
Mer sin no eimol liberal
Un sozial un ganz egal,
Wat einer bruch, dat kritt'e bal,
Nor wat, bestemmp et Lineal,
Ganz objektiv, däm sin de Minsche ganz egal.

Lied der jungen Squaw

Künnt noch esu weld op Waffe sin,
Ich mag dat Zeug nit sinn.
Met Panzerfüüß un Tomahawks,
Do han ich nix em Senn.

Ich well he för mie Büselche
En Wiss met Blome han
Un well he för mie Büselche
Och noch ene Vatter dann,
Dä Blömcher güüß un Spruute trick,
Ne Vatter met jet Zick.

Ich weiß, ehr wellt Atome han,
Mich mäht dat Zeug su bang.
Wör leever ärm un hätt ene Knacks
Dat kleine Levve lang.

Ich well he för mie Büselche...

Ehr dräumt esu weld vum stärke Mann,
Mer mäht dat Käälche Angs,
Ich sinn nor Nut un Dud un Wracks,
För't Levve gar kein Schangs.

Ich well he för mie Büselche...

Weld op Fredde

Weld ess de Welt op Fredde,
Un dat ess got esu,
Em Oste wie em Weste
Sin Minsche all esu:
Die nit am Kreeg verdeene,
Die keine Fimmel han,
Die welle nor dat eine:
Die welle Fredde han!

Wie ka'mer dann och scheeße,
Süht mer do Minsche stonn,
Un Minscheblot vergeeße,
Ha'mer su vill dovun?
Mer kann ene Schoss riskeere,
Dat neu e Hätz kann schlonn,
Et soll bei uns op Ääde
Et Levve wiggergonn.

Un sinn mer och em Weste
De Sonn ald deefer stonn,
Et künne Oss un Weste
Doch nie allein bestonn.
Dann wann de Sonn vun Oste
Noh Wess ehr Bahne trick,
Schingk se en Wess un Oste
Op alle Minsche glich.

Un die dat nit kapeere
(Wat sin ehr Auge blind!),
Welle sinn nit un nit höre
Wie en eigensennig Kind,
Dat de Welt ess weld op Fredde,

Un wä dä bränge kann,
Soll wäge mer verdeene
Ganz vill, sulang hä kann.

Koote Botze

De Botze sin ald kööter woode,
Et weed üvverall gespa't.
De Botze sin ald kööter woode,
Mer dräht och widder Baat.

Dann Baat mäht su e wärm Geseech,
Et weed doch widder kalt.
Mer stoche jetz met Kääzeleech,
De Konjunktor weed alt.

Un Botze ha'mer koot un klein,
Mer hält uns widder knapp.
En Zick lang wor mer groß un fein,
Jetz si' mer nor noch schlapp.

Et kütt ald widder Endzick aan,
Mer sprich vum nöhkste Kreeg.
Un wann dä geiht, wat ha'mer dann?
En jeder Hand en Fleeg.

De Botze sin ald kööter woode,
Et weed üvverall gespa't.
De Botze sin ald kööter woode,
Mer dräht och widder Baat.

Aan- un En- un Uusgepack

Aangepack un Engepack un Uusgepack,
Sage mer de Lück doch, wo et stink un knack,
Sage mer de Lück doch, wä de Zech geprellt,
Sage mer de Lück doch, dat dä Grosche fällt,
Sage mer de Lück doch, dat e Leech opgeiht,
Sage mer de Lück doch, wie et öm se steiht,
Sage mer de Lück doch, wä am Engk bezahlt,
Sage mer de Lück doch, dat et heiß un kalt,
Heiß un kalt lans jede Rögge läuf:

Aan- un En- un Uusgepack,
Nit alles, wat do glänz, ess Gold un Lack!

Titelkrampf

Leev Lück, dat ess dä Titelkrampf
Op all dä Titelsigge.
Leev Lück, ich kann dä Titelkrampf
Em Pressewald nit ligge.

Do weed gekitzelt un gekillt
Un gode Rof verdorve,
Maht üch express nor flöck e Beld,
Hück weed su flöck gestorve.

Dat *Dä* dat wor, dä't gar nit ess,
Die hät en o'm Gewesse,
Die hät met *Däm*, dat ess gewess,
Un dat ka'mer nit esse.

Dat Engk, et kütt, ess morge do,
Ganz secher ävver späder.
Dä Ungergang, dä ess su noh
Un kütt jetz stündlich nöher!

Leev Lück, dat ess dä Titelkrampf
Op all dä Titelsigge. –
Leev Lück, wä mäht dä Titelkrampf,
Wat soll dä nor bedügge?

Dat Blättche mäht met Titte Glanz,
Met Fött un Bein dat andre;
Do widder sin die Fraulück ganz
Un puddelrüh am wandre.

Et litt, leev Lück, em Zeidungsbösch
Uns ganze Welt begrave.
En denne Blädder piepsch kein Mösch,
Do schreie nor de Rave.

Wä hellop schreit, dän hööt de Welt,
Wä schreit, dä deit bestemme.
Et bess schreit hückzedags e Beld,
Dann Beld dat ka'mer jo express un ohne nemme.

Europadagköttprädig

Geliebte im Herrn, leev Lück, liebden Fründen!

Et ess för mich un all die, die wo ich öm mich eröm han, för die ganze su noh bei Zi Pitter versammelte Gemeinde en Jesu Christo, en große Freud, üch su zahlreich he beienander ze sinn; dann wie mer et jeden Dag en der Zeidung lese kann, mir brauchen Groschen, Groschen, Groschen für unsre vielgeliebten Brüder im Osten un unsre armen Vettern im Westen, die wo grad wieder all ihr üvverzähliges Kriegsspielzeug in der Golf gefeuert un verpulvert haben un jetz arm un nackig dastehn in Jesu Christo.

Die all brauchen jetz Groschen, Groschen un abermals Groschen; aber auch die im Süden brauchen Groschen, denn dahin geht et Gefälle, un am besten bizahlen immer die, wo in der Mitte sitzen, wie de Made em Speck suzesage. Die han ald et Winterhilfswerk finanzeet, dä eeschte Weltkreeg un der zweite Weltkreeg su wie der Lastenausgleich. Un die können auch jetz widder jet dun für unsre lieben Brüder im Osten, quasi stasi, un natörlich für unsre armen Vettern im Westen. Et geiht schleeßlich nix über en gute Vetternwirtschaff, denn all brauchen se Groschen, Groschen un noch emal Groschen. De Kirch iss arm un brauch Groschen. Die Partei brauch Groschen, die sowieso. All die, wo Pössger ze vergevve han, brauchen Groschen über Groschen, domet se ööntlich verdeile künne un dä Kamin am dämpe bliev.

Grosche bruche mer och för dä Aldermaatspillkreis un de Kumede, för die Monrealiste un Hiertzianer, die uus Kletteberg, Klinkeberg un Brück wie för all die kleine Thiater en der Stadt, die wo et Salz en der Zupp nit verdeene un die mutatis mutandis de Muul me'm Hölzge opstippe. All die bruche Grosche un Grosche, bes Häufger druus wäde, vill Mark.

Un doröm, Geliebte im Herrn, gestatten Sie mir ein Wort zur heutigen europatäglichen un kölschen Forumkollekte: »Däjinnige vun üch, dä aan dä vergangene Sonndage immer die Knöpp en dä Klingelsbüggel gedonn hät, bedden ich, do ich jetz der Knöpp genog han, för hück öm e Röllche Gaan, un natörlich öm Groschen, Groschen, Groschen!«

Un wann der Griesbach, dä nasse Sack, nit alles widder so en de Längde getrocken hätt, domet ich kaum jet sage kann, un hätt mich nit he hingestallt zweschen *Schkylla* un *Schkarybdis*, zweschen die zwei weldgewoodene Protagoniste vum ASK, zwesche die zwei Supergaus Goebels un Griesbach, künnt ich jo noch vill sage. Su ävver sagen ich nor: Loß mer sorge, dat mer aan de Fääßer, Fläsche un Gläser kumme, dat mer jet ze drinke krige

em Namen des Vaters un des Sohnes un des Heiligen Geistes, Amen!

KÖLSCHE SCHLABBERSCHNÜSS

Dem Inge sie Dinge

Dem Inge sie Dinge,
Dat kunnt keiner finge,
Ov vören ov hinge.
De Sonn wor am schinge.
Et hing op der Linge,
Un och de Beginge,
Die do ens lans ginge,
Die kunnte nit finge
Dem Inge sie Dinge
Do op der Linge.

Dann noh enem Jutsch,
Do wor et och futsch,
Un och wa'mer hutsch
Un sich ganz flöck flutsch,
Et ess wie verrutsch
Un bliev einfach futsch.

Un soll mer jetz gringe
Un aan de Deck springe
Un schänge un singe,
Der Plaggen usvringe,
Met Nohbere ringe?
Et kann nit gelinge.

Dann dem Inge sie Dinge
Ess vören nit, hinge
Nit. Un et deit schinge,
Dat noh su'nem Jutsch
Dat Ding, wat do hing op der Ling,
Ess kling –
        Futsch.

Haldt de Klapp!

Et klapp nit nor, ehr Minschelcher,
Klapp nit nor met der Klapp.
Wie künnt dat klappe, Minschelcher,
Hät jeder nor sing Klapp?
Ganz avgesinn, ehr Minschelcher,
Dat mänche Klapp e Kläppche ess,
Wie mänche Trapp e Treppche ess,
Un mänche Schlamp e Schlämpche ess,
Su ess un bliev et doch gewess,
Dat su en Klapp nit alles ess.
Wat die och klapp, ehr Minschelcher,
Bruch Foder wie et Pimpelche
Do bovven uus däm Tümpelche,
Wo et Geheens logeet,
Söns klapp die Klapp verkeht.
Wann och die Klapp söns aadig ess,
Nit groß gekotz pomadig ess,
Ald gar nit ävver kradig ess,
Un och nit klapprig em Gebess,
Bruch su en Klapp, domet et klapp,
Geheensrusinge en de Klapp,
Die wäde do zo Wing verklapp.
Su'n Klapp klopp ander Klappe schlapp.
Bedenkt dat nor, ehr Minschelcher,
Un haldt ör Klapp, ehr Minschelcher,
Wann et Geheens em Tümpelche
Nit richtig funktioneet,
Villeich och oxydeet,
Weil ehr ze vill de Klapp riskeet,
Un et dann nit mieh klappe deit,
Dann klapp et all zesamme.
Wann et nit klapp zesamme,

Dann sollt ehr üch jet schamme.
No haldt de Klapp zesamme –
En Goddes Name,
Ame!

Laufe

Dat do Dausende ens laufe,
Einfach su durch Kölle laufe,
Ohne sich jet enzekaufe,
Einfach laufe, laufe, laufe,
Der Rhing erop, der Rhing erav,
Ärm ävver brav
Un ohne Stop
Un ohne Shop-
          Ping,
Einfach Mobbing,
Laufe, einfach nor zom Spass,
Läufer eeschter, zweiter Klass,
Och dretter, veeter, keiner Klass,
Nor laufe, weil dat Klasse ess,
Nit doröm, wä dä Beste ess,
Wann Dausende do laufe,
Esu ene ganze Haufe,
Die dobei düchtig schnaufe,
Enödeme, uusödeme,
De kölsche Luff ens ödeme,
Ohne zo vill Verkehr,
Einfach su vör sich her,
Nit weil: do kütt doch wer,
Un nit weil et Medallje gitt,

Nit weil mer do ne Pries för kritt,
Nä, nä, die do metlaufe,
Esu ene ganze Haufe,
Dat sin die, die dat künne,
Die sich dat Laufe günne,
Weil Laufe jet Gesundes ess,
Wann mer me'm Griet läuf un me'm Chress
Un aankütt, wann dat mügelich ess,
Un durchkütt, do dat doll geregelt,
Verkehr ess hück ens avgesegelt,
Dä fingk hück en der ganze Stadt
Nit statt,
Beim Volkslauf nit, do bess de platt!
Do können se met Haufe
Einfach durch Kölle laufe.

Kölsche Schlabberschnüss em Wahlfieber

Wat wähle mer?
Verzäll et mer!
Mer wähle schwazz ov rut
Un grön, gäl, blo,
Dat wähle mer,
Dann geiht et widder got.
Mer wähle ganz verschmitz dä Schmitz,
Die Schmitze beienein,
Su ess dat Parlament am Engk
Ne Schmitz-Schmitz-Schmitz-Verein.
Ne Schmitz uus Kölle, Breme, Bonn,
Uus Wanne-Eickel, Linz,

Un dann dä Schmitz vum Drachefels,
Uus Blankeheim un söns,
Die Schmitze allemolde och
Uus Schwabe un der Pfalz,
Do kumme Schmitze beienein,
Dann ha'mer jet am Hals.
Die ganze Schmitz-Schmitz-Schmitze-Schwitt
Die huck dann beienein,
Un weil doch jeder Schmitze hät,
Die wo hä kennt, un die ganz nett,
Met im jet fisternölleere,
Unheimlich partizipeere,
Rührt jeder met en däm Verein.
Mer bruch jetz gar kein Spende mieh,
Mer bruch jetz nor noch Schmitz-Genie:
Dä Kölle-Schmitz, dä Dolle Schmitz,
Dä Polle-, dä Klo-Rolle-Schmitz,
Dä Ieser-Schmitz, dä Hüüser-Schmitz,
Dä Schmitze-Pitter, Schmitze-Fritz,
Dä Schmitz uus Neppes, dä uus Düx,
Die Schmitze-Plaat, die Schmitze-Noss,
Dä Schmitz, dä met der Höhnerbross,
Vum Stallhasezuchverein.
Dä met däm Aug, dä met däm Bein
Un dä uus Siegburg, uus Lippspringe
Un dann, weiß Gott, vör alle Dinge
Et Schmitze Liss, et Schmitze Inge,
Die ganze Litanei vun Name,
Die gröne Schmitze-Ehre-Dame.
Mein Gott, dat gitt en Schmitzerei,
Ne Bundesdag op -itz un -ei
Un adelig, untadelig
Un dann och widder Volkesstimme,
Nor Schmitze un nit su en schlemme,

Su'n Zoot, die wo mer neulich hatte,
Die Spendesöker, Spenderatte.
Jetz ka'mer unisono sage:
Mer han e Schmitze-Parlament,
Met Schmitze, wie se jeder kennt.

Vum Fummele un Schummele

Och fummele, jo fummele,
Wat do de Lück all fummele,
Un wo se all dran fummele,
Nor öm sich ze beschummele,
Dat muss mer ens befummele,
Wat die do all su schummele,
Do ess en Fummelei
Bei däm Geschummels bei!

Wat Fraulück, för ze schummele,
Sich aan der Liev su fummele,
Sich off su aangefummelt han,
Off su ne richtige Fummel dann.
Wä en däm Fummel fummele kann,
Dä muss jo ald ene Fimmel han –
Wat ess dat e Gefummels,
Wann de su lang do fummels!
Die fummele sich nit nor Fummele aan –
Wat die all för e Gefummels han,
Sich et Geseech befummele
Un sich och söns aanfummele,
Die sin nor noch am fummele
Un loßen sich och befummele,
Sich aan de Saache fummele.

Et gitt jo Kääls, die schummele,
Die welle nor gään fummele,
Söns han die nix em Senn,
Nor Fummeleie dren.

Un wat off su ne Fummel koss,
Jo mer verleet beinoh de Loss,
Sich noch jet aanzefummele,
Mer deit sich selvs beschummele,
Wa'mer en su enem Fummel geiht.
Mer dun jo off de Männer leid.
Wä grad op su enem Fummel steiht,
Bezahlt för su ene Fummel dann,
Domet hä noch ens fummele kann,
Unheimlich.

Wat muss doch he op Ääde
Nit all gefummelt wäde,
Dat all dä Schummel halde kann,
Dä se ald do gefummelt han.
Dat kann nit anders wäde:
Die Fummelei un Schummelei,
Die ess un bliev geschummelt,
Su lang wie mer he fummelt.

En Kölle ess Messe

Dat mööt ehr doch wesse,
En Kölle ess Messe –
Nä, dat ka'mer nit esse,
Dat ess drüvve en Düx,

Do fährt mer uus Jüx
Ens üvver der Styx,
Ich meine de Lethe,
Quatsch, widder verkehte,
Natörlich der Rhing,
Ich sag' üch, en Ding,
Einfach nit ze vergesse:
En Kölle ess Messe.

Do ka'mer röm laufe,
Nor ka'mer nix kaufe,
Belore, dat ka'mer,
Figore noch strammer,
Der Minge säht: la'mer!
Ich sage: nit he,
Dann drinke mer Tee.
Mer kann doch nit immer,
Dat wör jo noch schlemmer,
Dann schleeßlich, wä si'mer?
Loß mer leever jet esse.
En Kölle ess Messe.

De Saache, do stonn se,
De Lückcher, do gonn se,
De Schwobe, die hon se,
Wie de Pälzer ehr Bonze,
Balina, die stronze,
A Bayer, dea kons,
Jeck, loß se elons.
Wat gitt et he Döppe,
Matratze zom Höppe
Un Möbelemang
Kilometere lang!
De fingste Finesse:

En Kölle ess Messe.
E Kino för Kenner,
Och Rädder för Renner,
Kein Pluute för Penner,
Ävver Maccos för Männer,
Spezialitäte för Gänger,
För de Mutti ne Hänger,
– Vöre koot, hinge länger –
E Sackdoch för Sänger,
Ne Hot för der Franz
Un Belder op Glanz,
Och matte un Platte,
Geleckte un glatte,
Gedröckte un hatte,
Kein rösige Ratte.

Dat ess der e Dänzge
Öm Blome un Plänzge
Wie fröher em Kränzge
Beim Roggendorfs Hänsge,
Dat ess e Gedöns,
Doch nix ömesöns,
Dann Kölle well levve,
Dröm müssen all gevve,
Die vun he un donevve,

Mer bliev su leich klevve
Beim Müffele, Süffele, Knivvele, Stivvele,
Beim Krose met Moß, nemm Moß, jecken Ohß,
Maach keine Verdross un denk dran beim Esse,
Dat muss mer doch wesse, en Kölle ess Messe.

Dit un dat

Et gitt dit un dat,
Et gitt dat un dit,
Un dit un dat
Gitt et och widder nit.

Dann wann et dat göv,
Dat dit un dat dat,
Dann göv et dat dit nit
Un och nit dat dat.

Dann, dat et dat dat gitt,
Un nit dit un nit dat,
Ess weil et dat dat gitt
Un dit un nit dat.

Dat dat, dat dat dat gitt,
Nit dit un nit dat,
Ess dat dit un dat dat nit,
Ess dat dit un dat dat.

Un dat dat un dat dit,
Dat dit un dat dat,
Ess dat nit, dat dat dat,
Nä dat dat dat dit hat
Un nit dit nit un dat.

Dann wann dat dat dit hat,
Un nit dat dit un dat dat,
Dann hat dat dat dat nit,
Hat dat dat, dat dat dat
Nit gitt un nit hat.

Ess jet?

Ich wor neulich beim Züff,
Dat, wat esu krüff
Un esu widderlich müff,
Weil et nümmes sing Stüvv
Ens ööntlich uuslüff.
Do wor ene Döff,
Mer meint, et wör Geff.
Ich heelt mich am Greff,
Söns hätt mich dä Möff
Geletsch wie e Scheff.

Un sing Moder, die süff,
Die soß em Kabüff
Un nohm noch ene Schnüff
Un saht för dat Züff:

»Och süch, wie dat Tiff
De Äugelcher hivv,
Dat han se geliff,
Dat avgebröht Riff,
Dat uusgeleck Kümpche
Vum Pullemer Sümpche.
Dat schäle Kivittche
Hatt doch fröher kein Tittcher.
Dat litt secher am Pittche,
Dä hät sich dat Flittche
Gekauf e Minüttche.«

Do wood ich ganz madig
Un saht ehr su kradig,
Wie et gingk, vör de Schwaad ich:
»Ör Doochter, die höpp,

Die kritt nor ne Möpp
Ov ene Kääl, dä se klöpp,
Dä versteck dann am Stöbb.
Dann dat puckelig Hohn
Dräht jo zweierlei Schohn
Un deit sich em Gade
Em Mestepohl bade.
Un kütt singe Schwammbalg
Un kämmp sich me'm Kamm falsch
Sing verstoche Pläät,
Dann ess et alät.«

Do reef sei ald widder:
»Do häss secher der Zidder
En dinge fimpschige Glidder,
Un köms do ens nidder,
Dat göv e Gewedder.
Maach bloß keine Stuss,
Do rösige Fuss,
Do häss jo ne Russ
Un schliefs met der Puss.«

Do ben ich gegange,
Dann et dät mer ald lange,
Mer ess bal gefange
Vun su ene Zange.
Un ich saht ehr zom Schluss,
Se wör doch bestuss,
Se künnt mingetwäge
Ehr Eier selvs läge,
Un saht för der Hein:
Nä, wat sin die gemein!

Rümcher op »-appe«

Dä Schohmächer Lappe,
Ne ahle, ne schlappe,
Dä deit mer ming Schlappe,
Die kleine, die knappe,
Met Lappledder lappe.
Do muss de berappe
Ne Pries, nit vun Pappe,
Doför deit et och klappe.
Hä sitz op der Trappe,
Aan der Wand ahle Wappe,
Druus Deer dich aanjappe,
Deit nähle un pappe,
Och käue ne Happe,
Noh Fleege ens schnappe,
Un dräume vun Rappe,
Die livvere Lappe
För Dämcher un Knappe,
Schohn, Schöhncher un Schlappe,
Met Lappe ze lappe,
Lappleddere Lappe
Vum Schohmächer Lappe.

Rümcher op »-ung« un »-ungk«

Dä Hungk vum Schunk
Wor rungk un stunk,
Gescheck un bungk,
Ne Seivermungk,
Ein Aug, wat lunk,
Söns käängesungk.

Hä froß un drunk
Sich deck un rungk,
Bes dat hä sunk
Deef op der Grungk
Vum Swimming-Pool beim ahle Schunk,
Wo hä dann hung,
Bes dat in fung
Dä kleine Jung
Vum Aveldung,
Dä nevvenaan de Bunne bung
Un dobei ahle Leeder sung,
Wat bes zom Speicherfinster drung,
Wo de Frau Jung
De Wäsch ophung.
Die reef erav met flöcker Zung:
»Och hören Se, Här Aveldung,
Ich kenn' e Leed, wat besser klung.«
Dä nohm ne Drunk
Un heel der Mungk
Un eeht ganz stell dä Hungk
Vum Schunk.

Rümcher op »-au«

Däm Schmitz sing Frau,
Die ess su jau
En Köch un Kau.
Un ess hä blau,
Dann röf se: »Au,
Komm do mer bloß he en der Bau,
Dann weed för dich de Looch jet rauh,
Dann weiß de nohher nit genau,

Ov et der schlääch ess udder flau,
Ov gäl de Katz ess, schwazz ov grau,
Dann föhls de dich noch lang su mau,
Als lögs de en der Sod em Dau.«

Dä Schmitz wor schlau
Un daach: »Au-au,
Ich nit, ich han doch keine Hau,
Ich bruche nüdig nor ming Rauh,
Et Bess: e Bad, jet heiß, nit lau,
Eh dat ich mich bei't Züffge trau'
Un loß' mich schänge hau un schnau
Un mer et Wochenengk versau'.
Mer kumme doch nit en de Kau.
Do suff' ich leever doch em Brau-
Huus, wo mich et Rosa aan der Mau
Lus un ganz höösch jet krau-
En deit. Dat ess doch en ganz ander Frau,
Als wie dat Züff su jau un schlau,
Su wöß un rauh
Un en der Kau
Och nit genau,
Dat ich mich nit op heim aan trau',
Dann ich ben blau,
Un ming Madam, die hät enen Hau.«

SU SIN SE

Aape-Freiheit

Wat wör dat schön:
Mer wöre noch ens frei,
Wick fott vum dröven Einerlei,
Vum Reglemang bestusster Bürokrate.

Wat wör dat schön,
Mer söße wie de Aape
Noch op de Bäum un hätte Flüh –
Em Pelz un nit em Portmannee.

Die ander Aape wöre nit vun he.
Mer künnte denke, wie mer welle,
Un och noch sage, wat mer denke,
Och Herrje!

Mer däte jet en Liebe maache
Un suffe, wat uns schmeck,
Nor keine Tee.
Mer däten ald fröhmorgens laache,
Uns dät nix wieh,
Nit Kopp, nit Zäng, nit ens der decke Zieh.
Et dröck uns nix
– Nor noch et Drüggela –,
Nit Schold, nit Krage noch BH,
Un jederein hätt satt ze esse.

Der Vatter Staat wör lang vergesse
Un och der hellige Mann us Rom.
Keiner mäht Schänzger vum Atom,
Mer dörf aan jedem Bäumche pisse.

Wat wör dat schön,
Wat wöre mer dann frei!?
Noch ävver hält uns fass dat dröve Einerlei,
Et Reglemang der, wie mer säht,
Vun uns ganz frei gewählte Bürokrate.

Drunger un drüvver

Et kütt jo vör, dat mer openander litt, et gitt esu en Situatione. Do ess et doch nit egal, ov mer bovve oder unge litt, dat müssen Se doch zogevve, dat ess doch su oder su e ganz ander Geföhl, oder esu...

Se meinen, et wör liberal, dä andere sich dat uussöke ze loße, wat'e leever hät oder esu, oder wat oder wie...?

Alsu, ens ganz dovun avgesinn, dat et Situatione gitt, wo mer sich dat gar nit uussöke kann – ich meine, et entsprich goder ahler liberaler Tradition, doför ze sorge, dat mer do litt, wo et am beste, am schönste, am aangenähmste ess, bovve zom Beispill oder unge, wä weiß dat schon vörher su genau?!

Alles andre wör sozial, Caritas suzesage. Ävver bei aller Liebe, *die* muss et jo nit unbedingk sin. Et kann jo ens sin, dat et ohne die nit geiht, jo dann. Ävver söns ess Caritas för ene Liberale doch nit normal. Wat hät mer schleeßlich dovun? De eige Freiheit ess immer noch de beste, dat mer sich die erusnemme kann oder esu, nitwohr?

Däm eine sing Freiheit engk immer die vun nem andere en. Doröm han et Liberale och esu schwer metenander. Et kann jo nor immer einer bovve lige. Es sei denn, mer lög nevvenenander, un dann muss mer sich jo ald widder strecke.

Ess gar nit su einfach, dat Nevven- un Metenander. Irgend su jet wie Liebe ess do immer gefrog. Ävver die stööt doch, wenn einem et Hemb nöher ess wie der Rock. Et hät jo ens einer gesaht, un dä wor keine Kleine: Liebe, die geiht nor, wann de et letzte Hemb hergiss.

Gewess, dann eesch mähs de dich jo richtig frei. Ävver die Freiheit ess doch secher nit gemeint. Wann einer liberal ess, meint'e doch nit Fraternité, Bröderlichkeit, meint doch frei noh Soumagne »Ich un Ich un noch ens Ich un schöldig geschiede, dat och noch« oder esu, oder wie oder wat? Frogen Se doch ens rund!

Bei Lenartowskys

Die hann ene Lade, do ess unse Bungaloff nor en Eifelshüüsge gäge!
Alles Glas, Chromnickelstahl. Un benne alles techniseet.

Dürre gonn vun selvs op, wann se dich sinn.
Om Abtrett zo, wann do de Botz erunderließ.
Et Wasser läuf, wann do der Krahne aanlorsch.
Automatische Breeföffner em Breefkaste.
Roboter dragen et Esse op, wann einem der Mage knurrt.
Aperitif, Capuccino, alles automatisch. Fullservice.

Un dobei Arbeitnehmerhuushalt.
Hä Ministerialtirektor, sei em Schulldeens.

Ävver geerv, geerv sagen ich Inne, allebeids.
Erve ess jo in. Su en Saache, wo kei Finanzamp jet vun
weiß.
Grundbesitz natörlich – die Lagerfeld-Allee en Lippstadt
gehööt denne.
Beteiligunge, Aktie. Em Paket.
Doch nevvenbei su en kossbare Kleinigkeite.
Platin-Wießgold-Zahnprothesesammlung.
Meerschuumpiefe dotzendwies.
Un Belder, all vun Sotheby's, Ikone vör un hinger Glas.
Gewehre neu un ech antik. Ne Vorderlader, noch vum
ahle Fritz! Ich kann Inne sage…

Mer sin jo och nit grad de Ärmste. Wie mer su säht: Apper
Tänß der ersten Stunde.
Noh'm 2. Weltkreeg. Got kontant met Adenauers – de
Eldere, versteiht sich.
Se wesse jo: Dat Huus em Hahnwald – he un do jet
Grundbesitz.
Su'n Stöcker hundertzwanzig Wonnunge.
Geschäffslokale. Och en der City.

Doch Lenartowskys! Keine Vergleich!
Dat Huus am Venusberg! Keine Stein ze sinn.
Alles Chromnickelstahl un Glas un Holz vum Feinste.
Wießgold-Rutgold-Armature, sagen ich Inne!
Brillante-Dürreknöpp! Atomzeitalterpfahlbau!
Un dann die Cocktailparties bei denne. Alles em Stonn.
Un ich met minge Plattföß.
Do gitt et 'erer jo, die dann nor Wasser drinke, wie dä
Griesbach.
Derheim eine Schabau noh'm andere un he bei Lenar-
towskys Wasser?!
Nä, nä, nit met mer! Bei Lenartowskys drinken ich
Schampus uus der Badewann.

Met Schrimps un Lachs, na klor! Wenn ich dat Zeug och
eigentlich nit mag,
doch he am Venusberg – bei Lenartowskys?!

Han ich nit rääch?

Kinderzick

Dat ess die Zick,
Wo kleine Pänz ald lange Botze drage.
Se sin noch grön un wesse fies Bescheid.
Vum hellige Mann, do kanns de nix mih sage,
Un deis de't doch, dann deis de inne leid.

Se laache möd un schlapp ald wie die Ahle
Un han för stelle Saache winnig Zick.
Am leevste hören se Revolver kraache,
Un Minschejag ess inne Glöck.

Se wesse vill, wat fröher lang verborge,
Un künne jedes wölle Woot verstonn.
Se han Geseechter voller Sorge.
Dat ess die Zick,
Wo Pänz en lange Botze gonn.

Dat Märche

Met sibbe geiht dat kleine Mädche
Noch met enem Märcheboch en't Bettche.

Ess dann dat Mädche sibbezehn jung,
Spööt et die Märcher op der Zung.

Met sibbenunzwanzig ess dat Mädche
Dann selvs e Märche ald em Bettche.

Met sibbenundressig well et dann
Statt Märcher nor dä Mann als Mann.

Un weiß met sibbenunveezig och:
Mer kritt vun Märcher nie genog.

Met sibbenunfuffzig kumme Jöhrcher,
Die klinge junge Lück wie Märcher.

Mänch Mädche mäht mänch Märche met,
Wat immer noh dä Sibbe kütt,

Met sechzig, sibbezig, achzig dann –
Wo ävver bliev dat Märche Mann?

Immer der Mann

Immer ess der Mann et Ass,
De Mädcher sin de Schätzger,
Betüttelt, doof, e bessge blass,
Met Kralle, he un do wie Kätzger.

Doch nix, wat zällt en diser Welt,
Zom Deene nor gebore,
Em Deens der großen Männerwelt,
Doch eigentlich verlore:

> Un bang gemaht un klein gemaht,
> Halv lang gemaht un got verwah't
> Un immer do wie à la Carte,
> Apart apart, ens zaat, ens hatt,
> Female, madame, demoiselle,
> Bonbon «nimm 2« ganz op de Schnell!

Immer ess de Frau verratz,
De Männer sin am Dröcker,
Verkaufe ehre treue Schatz,
Dat drieht sich immer flöcker.
Wat zällt de Treu en diser Welt?
Die gingk uns fies verlore.
Bandel em Wandel, jo dat zällt,
Un dobei weed gefrore:

> Un bang gemaht un klein gemaht...

Männer ohne gleiche?!

Ja jo gitt et Minsche, die egal sin (also gleich) oder denne et egal ess, ov se egal sin (also gleich Null).

Ävver et gitt'er och, die sin esu jeck, för die darfs de noch nit ens »Sie Aaschloch« sage, dann sin die bileidig – (alsu nix vun wäge »unser Bundeskanzler ess en Aaschloch«

oder esu!). Die han vergesse, dat mer all ärm Aaschlöcher sin, dat mer all ens klein aangefange han. Nä, mer wore nit immer su große, nä, nä, gnädige Frau, met uns han Se och ens spreche künne wie met normale Minsche. Hück ha'mer jo Sprechstunde, un die koste Entree. Ävver wesse du'mer deswäge och nit mieh. Wat mer fröher all gewoss han, dat ha'mer hück doch lang vergesse. Dat ess et doch, vun wegen Gleichheit! Die differenzeet sich doch im Laufe der Zeit. Han Se dat noch nit fassgestallt bei Ehrem Männe?! Sie han doch och ens klein aangefange met Ehrem Mann? Domols woren Se sich doch noch ganz noh, ähnlich, suzesage.

Un Se han gemeint, Se kömen sich met der Zick immer nöher, wööten sich immer ähnlicher, un wat ess? Ess Ehre Mann jetz ähnlicher? Jo, villeich gottähnlicher! Ävver Inne doch nit! Säht'e nit immer »dat süht der widder ähnlich!«? Domet well hä doch nor op Ör Andersartigkeit hinwiese, alters- oder geschlechtsbedingte Schwachsenn, womet hä nix ze dun hät als Mann, hä als Mann doch nit! Kootöm: Underschiede, vun wägen egal, egal ess dat nit, och nit liberal, ald gar nit bröderlich, Schwester, eher fatal. Ävver fatal sin doch eigentlich immer nor Fraue, femmes fatales. Oder han Se ald ens jet vun hommes fatals gehoot? Männer han villeich ene Durchhänger, sin ens uusgerötsch, dat sin Kleinigkeite, charmante faux pas, männlich, allzu männlich. Fatal? Wie singe de Bläck Fööss à la Grönemeyer?:

»Männer kriesche heimlich, bruche vill Zärtlichkeit,
Sin esu verletzlich,
Die Junge sin op diser Welt einfach unersetzlich.
Männer han et schwer, nemmen et leich,
Druuße hatt un benne ganz weich,

Wäden als Kind schon op Mann geeich –
Männer künne alles, sin schon als Baby blau.
Männer baue Rakete, sin furchbar schlau.«

Wat uns hück fählt, meine Damen, ess dä Mann als Minnesänger – die Proffis zälle do nit – wie sung mer fröher noch en Kölle?: »Och, leev Grietche, Mädche ohne gleiche...«
Ohne Gleiche, nit met drei gespillt vier, ehr Mädcher, dat wore noch Zigge!

Ich gäge mich

Et sollt ens widder
En Mode kumme,
Modern wäde
Op Ääde:
Dä Kampf met sich selver
Opzenemme,
Wie Ignatius dät
Oder Theresa
Oder Richard der Rabe.
Die Krohl
Dät kämpfe »ich gäge mich«,
Linke Flögel gäge räächte Flögel,
Kralle gäge Schnabel,
Hätz gäge Kopp,
Dag öm Dag,
Bes et besser wööd
Op Ääde.

Penner-Sonett

Ich han met keinem Mann jet,
Han nix met keiner Frau,
Ävver secher doch, ich han jet,
Ich han et me'm Schabau.

Ich han mich nit verlore,
Ich ben mer vill ze noh,
Ich ben noch nit gebore,
Ich ben noch gar nit do.

Un trecke doch ming Stroße,
Immer neu un ohne Moße,
Un nüggele ming Droppe

Un söke minge Stoppe
Un söke minge Senn,
Immer neu un immerhin.

Nemm dinge Mantel...

Nemm dinge Mantel vun der Wand
Un lauf e Stöck nor durch de Stadt,
Aan mäncher Eck, do bess de platt,
Wie sich die Stadt verändert hät...

Nemm dinge Mantel vun der Wand,
Klopp ens bei Minsche aan vun fröher,
Se sin der hück villeich noch nöher,
Wie do em Senn behalden häss...

Nemm dinge Mantel vun der Wand,
Dat ahle Huus steiht noch aan singem Platz,
O'm Dörpel litt wie domols och en Katz,
Weesch merke, dat do andersch bess...

Nemm dinge Mantel vun der Wand,
Se singen en der Kirch die ahle Leeder,
Och neue, die kennt lang nit jeder,
Et lige Böcher em Entree, sing met!

Verlaat gitt Verlägenheite

Ich hann der Brell verlaat,
Ich kann ming Zäng nit sinn,
Dat Tuppet op der Plaat,
Wo ess et hin, wohin?
Mer ess der Brell verrötsch,
Mie Holzbein spillt verdötsch,
Wo sin ming Zäng bloß hin?
Ich kann, ich kann nix sinn.

Un dä kein Hoor un dä kein Zäng un dä e Holzbein,
Alles falsch, nor Ersatz, nor Ersatzdeil.
Falsche Hoor, falsche Zäng un e Holzbein,
Alles falsch, nor Ersatz, nor Ersatzdeil.
Un dä kein Hoor un dä kein Zäng un dä e Holzbein,
Alles falsch, nor Ersatz, nor Ersatzdeil:
Do ka'mer sinn doch, wat mer well,
Mer kann och föhle bei däm Spill,
Jo dann mer sök doch ganz verzwiefelt singe Brell!

Un doch hält keiner stell,
Wa'mer ens föhle well,
Un ohne Loormaschin
Kann ich, kann ich nix sinn.
Jetz söke ich wie weld,
Un doch fählt mer et Beld
En minger Flimmerkess.
Doch wat vill schlemmer ess:
Ich wör för't Naachprogramm
Jetz widder Föör un Flamm!
Doch ohne Zäng un Brell
Hält minge Jupp nit stell,
Kann maache wat ich well,
Wo ess der Brell? Der Brell?
Kann maache, wat ich well,
Wo ess der Brell? Der Brell?

Un dä kein Hoor un dä kein Zäng un dä e Holzbein...

Wä su vill Kröcke bruch
Un Zäng met Gummizog,
Ne Brell met Köötche dran,
Ess nor ne halve Hahn.
Ne Brell met Köötche dran
Ess nor ne halve Hahn,
Ess e malätzig Hohn,
Förwohr der reinste Hohn!

Un dä kein Hoor un dä kein Zäng un dä e Holzbein...

Et Minschelevve –
ein Sökerei

Wat sök mer all,
Ehr gläuvt et nit,
Mer sök op diser Welt,
Sulang mer lääv,
Sulang mer bäät,
Nit nor ne Püngel Geld.
Dä sök en Frau,
Die sök ene Mann
Un Puute allebeids
Un söke, wenn se dat all han,
Ald widder op eneuts.
Dä sök en Katz met Hungsgebell
Un dä ne Fesch, dä fleut,
En Muus, die danz,
En Fluh, die höpp,
Ne Hahn, dä dat nit deit.
Ne Mann met Baat,
Ne Mann met Plaat,
Wie e Fraulückshängche groß,
E Frauminsch met paar Äugelcher,
Die sprenge jedes Moß.
De eeschte Zäng, de zweite Zäng,
De drette immer mieh
Un Mädcher för der eeschte Plöck
Un för der letzte Krieh.

Mer sök en Nodel, sök der Brell
Un ohne Brell sök mer de Pell,
Wann dat nor got geiht, denk et Bell.
Dä sök en Ei, villeich och zwei,
Wä weiß för welche Zweck,

Dä sök et Wööschge en der Zupp
Un dä de Spor em Dreck.
Mer söke immer irgendjet,
Wie mäncher sök en Stell,
Mer söke, weil mer nit kumplett,
Nit wie der Herrgott well.

Mer söke Hölp un söke Rauh,
Rabatz un jecke Tön;
Un wat mer dann su finge all,
Dat finge mer nit schön.

Su hält sich dran die Sökerei,
Mer sök, sulang mer lääv,
Un sök noch immer, wa'mer schwääv,
Dä Platz em Jenseits och.
Flüg op nohm Himmel, denk mer doch,
Dä Wäg dohin ess frei,
Un sök un sitz am Engk em Loch
Ganz platt en Hölle drei.

Un jeder liet jet falle...

Ich mag dat Hüngche nit, wat Gassi muss –
Die Katz nit, die Zigärcher durch de Wonnung streut –
Nit Vügel, die em Kaaste flaastre,
Et stink noh Höhnerkack un Kräu,
Grad su als hätte Deer un Möbele de Motte:
Wie andersch rüch om boore Land et Heu!
Ich mag die Koh, die en der Landschaff steiht –
Ald Salomon un David han ehr Leed gesunge –
Vun einem Böschel Gras noh'm andre geiht –

Un flatsch litt do, wo söns e Botterblömche stund,
Ganz mangs un rund en Tellermin,
Su zwei, drei Pund, mangs, weich un grön.
Ech vegetarisch, wärm un levvensaangenähm
Weed do us Flade, Botterblom un Gras un Ääd
Neu Levve, Wisepraach em nöhkste Johr,
Derwiel dat Hungsgeköttels en der Stadt,
Su vill ess klor, nor stööt.
Un wä ene Gaade hät, denk, dat mer fröher hatt
Statt Hüng un Autos: Pääd!

Schepp Wasser

Kumme de Junge un Mädcher op Ääde,
Müsse se met Wasser gewäsche wäde!

Wann jet wahße soll op Ääde,
Muss et met Wasser gegosse wäde!

Soll et Müllerad sich drihe,
Muss et öntlich Wasser krige!

Wann em Summer de Krohle jappe,
Dunn se gierig noh Wasser schnappe!

Nor de Minsche drinken et Wasser nit rein,
Et muss immer e bessge verdorve sein.

Och op der Huhzick ze Kanaan
Fingen se met Wasser aan.

Ävver selvs unsen Här kunnt dat nit ruche.
Hä maht do Wing drus, dä kunnt mer bruche.

Un och mer verdrage kei Wasser em Hals.
Mer zoppen dodren jet Hopfen un Malz.

Un et kann sugar op Ääde
Aqua sabaudica drus wäde.

Mer kann ävver och em Wasser schwemme
Un, wärm gemaht, e Bad dren nemme.

Su bruche mer Wasser allezeit –
Vun Iewigkeit zo Iewigkeit!

Amen!

Em Klusterkeller

Em Kluster deef em Kellergang
Des Ovends öm halv sechs,
Do hööt mer ald der Becherklang,
Do springk der Zappe ex.
Dat schlürp un glupsch uus feuchter Naach,
Vum Spundloch en de Kann.
De Nas, die leuch, et Aug, dat laach
Su mänchem Ordensmann:

> Bierlein rinn, Bierlein rinn,
> Bierlein rinn, Bierlein rinn,
> Wat nötz mer mingen drügen Hals,
> Wann ich gestorve ben!

Em Kluster deef em Kellergang
Do blöht e fing Gewächs.
Do stemme se Pukale mang
Ald ovends öm halv sechs.
Se stemme nit, se drinken och

Ganz leddig bes zom Grund,
Öm Meddernaach do klingk et noch
Un schallt vun Mungk ze Mungk:

    Bierlein rinn, Bierlein rinn...

Un röf der Herrgott mich ens av,
Dann fahr' ich en de Kess,
Un rofen deef uus mingem Grav
Dohin, wo Levven ess:
Ehr Bröder all, noch drinkt op mich,
Mie Levve gingk zom Troor,
He unge weed der Hals mer drüg,
Dröm singt op mich em Chor:

    Bierlein rinn, Bierlein rinn...

Please

Please! Künnt et dat nit sin?
Please ess einfach: Bitt dich schön!
Wann de met geihs, bess de hin,
Stichs ganz einfach dren.
Künnt et dat nit sin?
Please!

Please ess Liebe, ess Amour,
Please en Moll un Please en Dur.
Leever Gott, ich bedden dich,
Sag do doch dat Woot för mich.
Please ess flöck zor Stell,
Please, wa'mer et well.
Please, dat klingk su söß,

Kütt op kleine Föß,
Kütt ganz höösch eraangeschluff,
Flüg ganz stellches durch de Luff.
Please ess einfach do.
Sag doch einfach: Jo.

Please, Musjö, ich bitt Sie schön,
Please, ich möchte mit Sie gehn,
Mit avec comme ci, comme ça,
Et kütt ald widder, olala!
Please, wat klingk dat schön:
Bitte, bitt Sie schön!

Helpebotzemilliöh

Nit dat ich jet üvver dä Pitter sage well. Wie köm ich dozo? Dä Pitter ess schon got. Wie dä singer Mamm immer morgens de Brütcher höllt. Em Naakspunjel, versteiht sich. Hot un Mantel drüvver. Su wie hä läv, hät'e noch e Pöhlche kölsch Milliöh öm sich eröm, su e richtig Helpebotzemilliöh. Wie et sich en su ener Stadt wie Kölle gehööt. Wo immer die en gode Meinung vun sich han, die en Botz met Helpe drage. Die sich met Helpe ze helfe wesse. Wie dä Pitter. E klein Hüngche läuf nevven im un dräht im dä »Express«. Domet hä de Brütcher fasshalde kann un de Tüt Milch. Nit de Botz, do hät'e jo Helpe dran. Do geiht'e op Nummer secher, wie sich dat en Kölle gehööt.

Ävver secher dat. He geiht doch keiner e Risiko en. Nit ens dat, enem andere zozehöre. Ald gar nit entgägezekumme. Wo köm mer do hin? Bliev mer bloß domet vum Liev. Do hööt de Gemötlichkeit op. Ich han genog met minge Sorge. Wä kömmert sich öm mich? Dä, dä sich öm mich kömmere soll, dä muss noch gebore wäde. Gebacke, wie mie Mutter säht. Die versteiht mich. Wann ich mie Mutter nit hätt! Un dä Futzemann!

Dat ess jo dat Fluidum en su ener Stadt. Met enem Hungk kannsde't he uushalde. Minsche loßen dich em Stech. Su e Deer nit. Nit minge Waldi. Dä kömmert sich öm mich. Dä sprich. Su ne Hungk, dä sprich met mer. Dä kann et nit erdrage, wann hä kein Antwoot kritt. Dä hööt zo. Un wadt op en Antwoot.

Dä Minsch mööch ich noch kenneliehre, dä mer zohööt. Zomol die, die meine, se hätte Kölle gepaach. Weil se vun he sin. Wenn de nor e klein bessge andersch bess wie die, die vun he sin, dann bessde keine mieh. Dann triff dich ene Bleck. En der Weetschaff un esu. Aan der Eck. Die, vun denne do meins, se künnte dich gar nit verstonn, die hange aan dinge Leppe un luustere, wie minge Waldi. Die hören der zo, weil se gehoot han, et göv esu jet wie et kölsche Gemöt. Wat sich metdeilt un dich aannimmb. Och wann de Klör nit stemmp. Hätt's de gään! Lans de Nas! Et Hüngche, jo, un dä kleine schwazze Türk, ävver doch die nit, die he et Regalt han. Die he hin gehöre, wie se sage. Die han ene Bleck för einer, dä nit he hin gehööt, wie se meine. Do kann et der andersch wäde.

Ich kann dä Pitter verstonn, dat dä sich aan dä Waldi hält. Ävver aan wän soll sich dä kleine schwazze Türk halde?

Dä Waldi deit et im nit. Hä muss noch en Antwoot han, die en wiggerbrängk. Im reck et nit, op der Hungk ze kumme. Hä mööt ald dä Pitter kenne liehre. Dä weiß, wie mer et mäht. Wa'mer keiner hät, dä jet säht. Dä Pitter weiß, woröm hä en Helpebotz dräht.

»Ich bruche friedags minge Zabajone«

Richtig, die Gägend he ess alles un nix. He wonnen se, wie mer se bruche kann. Dä Lamotte, Labbé, Krischna. Kenne Se och. Krischna? Na klar! Dä met dä Ruse geiht. Fröher ging et Lolli met dä Ruse. Dat kleine Schwazze. Noch nie em »Aida« esse gegange? Fählt Inne jet. Belliger wie »Lorenzo«. Vill belliger, ävver dubbelt esu got. Do koch Mama Türk. Mama Türk koch Zäusge, do vergiss de Mösch un Naach. (Fraue koche nit vill, Köche koche, gewess. Ävver wenn Fraue koche, kütt dat vun ganz deef unge uus der Ääd, ess wie Fruchtbarkeitszauber, Mutterkooche, eben Mama, na ja...)

Dä Lang steiht vör der Döör. Dä met däm Adamsappel. Alles ess lang aan däm, sugar die Troonesäck. Dat hängk, die Huck wie üvver Latze gespannt un alt gewoode. Immer steiht dä Lang do. Als wann ens einer köm un sage dät: »Komm, ess jet met!« Kütt keiner. V'leich Mama? Ich weiß et nit.

Un dann dä Schnorri me'm »Express«. Amanda, die verlängischste Mösch em Veedel. Schön. Groß un schlank. Kein Knoche. Wie met enem wärme Mantel zogedeck. Die Auge rund un groß. Die Leppe rund un glatt un rut.

Die blonde Hoor nor einfach lang un su. Alles Verlange.
Immer ne neue Kääl. Vun alle Zoote. Wie de Autos. Alt
un klapperig, e Finster fassgekläv met Tesafilm, met
Flaster – dann widder schön un neu. Ich saht et schon,
verlängisch, mer spööt et deef em Sack. Unendlich.

Un Hüser stonn he wie de Minsche. Geschräppels. Su
verbaut un ungenau un fies. Dat gitt et gar nit. Vum Kreeg
vergesse oder widder opgebaut. Ganz uselich. Dä Putz,
die Färve. Un dann och widder ein, do bessde platt.
Patrizierlike. Met Rutte vun »Dior«. Et heiß, do wonnt dä
Kunsprofessor. Faßbender oder su. En Ass. En Fotografie?
Ich weiß et nit. Mer süht en nie.

Un dann op eimol bovven huh o'm fünfte Stock ens ne
Balkon. Ganz scheif. Su einfach üvver Eck dohin gewix.
Met Trallge dröm uus deckem Rühr. Un selvs ver-
schweiß. Gemennig. Rut. Ens nie gestreche.

Et Mira op der Eck verkäuf dä »Jerry Cotton«, Illustreete,
»Lui«, dat wat trick. Persil un Ajax. Vim, Pariser. Ald mor-
gens fröh öm sechs. Un leckere Brütcher met jet drop.
Die schmecke. Unheimlich fründlich. Mira. Doch wann
de geihs, dann ess et su, als hätts de't nie gesinn.

»Ich bruche friedags minge Zabajone«, röf die Ahl am
Finster. Vun einer Stroßesick zor andere. »Der Häns, dä
geiht dann kaate. Ooch, wat soll et. Dat muss och ens sin.
Beim Kaate hoste se sich uus, die Junge. Do gonn de Siele
üvver wie de Auge. Un Kraff weed installeet. Kurasch.
Die spille do met Heen un Kraff un Wocheluhn. Die
Muckis unger'm Tischööt. Stramm, zewiele tätoweet.
Och minge Männ. Wor en Hanoi. Wat hät esu ene Mann
nit all gesinn, erläv.

Dä mäht met singe sechsunfuffzig de Mutti noch parat. Un andere. Ich weiß Bescheid. Dä hät su mänche Schoss em Veedel. Wör och schad. Wo su vill Kraff ess, muss se rus. Dä Fuss hät et im aangedon, do hinge em Parterr, nevve der Baustell. Dat blonde Liss vum Kreechmaat. Doll, sag' ich der. Dä hät et drop un dren.

Jo, minge Häns. Vergiss de glatt de Emanzipation. Ess einfach zo vill Mann. Jo Griet, dann maach et got. Ess dinge Tünn derheim? Ich maache noch ming Wäsch. Scheiß Bügele. Mer welle aan de Agger, morge, noh'm Cämping. Der Häns deit angele.«

Barockkunzäät

Zom Kunzäät à la Barock
Kütt et Trin eraangesock,
Möt singem Hubäät.
Gesock well heische mö'm Mercedes, dann su en Kar,
Die hät hück jedes boore Paar.
Zomol dä Hubäät un et Trin,
Die wo gesalvte Boore sin.
Fönnefhundert Morge Land möt Kappes, Röbe,
    Zuckerknolle,
Dobei ne städtisch renommeete Grundbesitz.
Dröm sin se och gelade jitz
En dat Barockkunzäät:
Et Trin uus Habbelroth
Un singe Hubäät.

Dat sin su'n Minsche, wie mer hück se hät.
Vum gode Esse sin se deck un fett,

Vum Schmoore un vum Drönke och ald jet aßmathisch.
Se loofe gar nit gään, sin ieher statisch.
Un mö'm Mercedes fahre se en dat Kunzäät,
Dann widder heem – vum Wage noch dä lange Wäg en't Bett.
Barockkunzäät, dat öß natörlich jet!
Zomol, wa'mer o'm Liev su vill barocke Forme hät.
Zwor hööt et Trin nit got, dä Hubäät öß jet stief,
Doch han se all dä dööre Krom am Liev,
Vörop et Trin,
Un su en Minsche mösse einfach hin,
Wann all die, wo do Rang un Grosche han,
Zo däm Barockkunzäät versammelt sin.

Gesalvte Lück, die bruch mer doch.
Wie fröher geiht de Kuns noh Geld un Foder noch,
Iesch rääch de Musik.
Die promoveete Köpp, die nit vill han,
Die kloppe Spröch un han et Sage,
Die Junge vun der Politik natörlich
Repräsenteere brav un ungefährlich
Un sorge nohher för dä leddige Mage.
»Sag, Hubäät, kanns de dat verstonn, wat dä do kallt?
Mer schingk, die Musik ess ald rääch alt.«
Doch Hubäät schött sich nor: »Drieß doch jet drop,
Leev Trin, ich han jet anderes em Kopp.
De Haupsaach, mer bizahle för dat Kreppche
Un setze got, et kann uns jeder sinn,
Un jeder weeß, dat sin dä Hubäät un et Trin,
Die wo vum Habbelroth extra he herrgekumme sin.

Die bleche he ganz got, zehndausend pro Saison,
Dat öß ald ne Betrag en su enem Dressig-Märker-Fond.
Et herrsch no eimol Arbeitsteilung he em Land.

Dä Tirigent möt singer Schwitt, die dun jet schrumme,
Un mer bezahle inne Därm un Trumme.
Wann mer keen Zuckerknolle trööke,
Dann künnte die sich lang met Fiddele versöke,
Die Hungerligger wööten ärm.
Kuns öß ganz got, doch bovvenaan steiht immer noch et Brut.«
Su säht dä Hubäät för et Trin, natörlich hät hä Rääht.
Un ganz besondersch he un hück bei däm Barockkunzäät.

Playgirl der Woche

Wä ohne Scholde ess, dä kann mich nit verstonn.
Dann Scholde han ich morgens fröh un ovends, wann ich schlofe gonn.
Dann zick der Jupp kein Arbeit hät,
Gonn Scholde met uns Schrett op Schrett,
Un ich bewäge mich em Sechseck, diagonal.
Wie säht der Bartel Brecht ald anno dressig:
Han ich ze fresse, han ich och Moral.

Ich ben em »Stern« dat Playgirl der Woche,
Alle Herren haben das gern.
Auf Seite 13 künnt ehr lese,
Wat zwesche mer
Un su nem General gewäse –
Dä General, dä hät drei Stään.

Wä su'ne General ess, dä kann mich nit verstonn.
Wä su bezahlt ess, wie dat ne General ess, kann räuhig schlofe gonn.

Dä hät su nevvenbei noch mieh, als wann der Jupp un ich
  en richtige Arbeit hätte.
Hätte mer doch die!
Su ävver fleut der Jupp o'm Hölzge,
Un ich bewäge mich em Sechseck, diagonal.
Un sage frei noh Brecht wie anno dressig:
Gevvt mer ming Arbeit, dann han ich och Moral.

Ich ben em »Stern« dat Playgirl der Woche,
Alle Herren haben das gern.
Auf Seite 13 do steiht ze lese,
Wat zwesche mer
Un däm Minister ess gewäse –
Dä Här Minister hät dat gään.

Wä ald Minister ess, dä kann mich nit verstonn.
Wä su vill Grosche kritt, wie ne Minister kritt, kann
  räuhig schlofe gonn.
Dä hät em Ruhestand dreimol su vill, als wann der Jupp
  un ich en richtige Arbeit hätte.
Hätte mer doch die!
Doch minge Jupp, dä kritt kein Arbeit mieh.
Dröm springe ich jo em Sechseck, diagonal.
Un schreie bal wie Bartel Brecht öm anno dressig:
Gläuvt mer doch, ich ben nit schlääch!
Ich well nor Arbeit, dat ess ming Moral!

Su ävver ben ich em »Stern« dat Playgirl der Woche,
Alle Herren haben das gern.
Auf Seite 13 ka'mer nit lese,
Wat zwesche mer
Un mingem Jupp ens ess gewäse.
Dann och ne Arbeitslose hät dat gään.

En der Naach mäht sie Fräuche jet klor!

Nä!
Dem Cindy Crawford sing Bein,
Die han ich nit.
Ich wor nit mie Levve lang
O'm Laufsteg,
Nit op Modeschaue,
Sonnebrung em Fotografe-Leech.
Ming Bein sin schön breit,
Noch bevör se bei denne Höfte aankumme.
Un wann ich et och immer widder probeet han,
Em Ärobic-Wöbche am Boddem ze schweißte,
Kann ich nix dran maache,
Dat se breider wäde
Wie Süle,
Die saftige Pöhl bruche.

Nä!
Ich han dem Cindy sing Tallje nit,
Nit dä perfekte Buch
Glatt un leich konkav
Met däm herrliche Nabel en der Medde.
Ich hatt och ens su ene Buch.
Ich wor och ens stolz op die Gägend
En minger Anatomie.
Dat wor, bevör der Camilo kom,
Bevör hä et esu ielig hatt
Un zoeesch met beidse Föß op de Welt wollt,
Bevör wägen der Narv de Bikinis größer woodte.

Nä!
Ich han och dem Cindy Crawford sing Maue nit,
Brung gedrechselt, jede Muskel voll Kraff

Durch die richtige Übung,
Geweechte graziös balanceet.
Ming Ärm han nit mieh Muskele traineet,
Wie ich nüdig han:
För he ming Taste aanzeschlage,
Ming Kinder ze drage,
Ming Hoor ze bööschte,
Ze gestikuleere beim Schwade üvver dat, wat kumme
    kann,
De Fründe en der Ärm ze nemme.

Nä!
Ich han dem Cindy sing Titte nit,
Huh un rund, Körvge B oder C.
De ming han nie geglänz em Dekolleté,
Och wann ming Mamm – evvens de Mamm – mer saht:
Titte, die su uusenander stonn, dat sin griechische Titte,
Die vun der Venus vun Milo.

Och, un dat Geseech vum Cindy Crawford,
Spreche mer nit vum Geseech:
Dat Fleckelche em Leppelche,
Geregelt dä Bleck, de Auge groß un wick.
Dä Augebraueboge, zaat die Nas.
Aan mie Geseech han ich mich gewennt:
Die Elefanteauge, die Nas met offe Flögele,
Dä Mungk üppig un alles en allem sinnlich.
Dat Köppche ess got, die Hoor, die helfe do met.
Do kann ich dat Cindy Crawford schlage.
Ich weiß nit, ov dat ene Truß för mich ess.

Un dann am Engk dat ganz düstere Kapitel:
Ich han dem Cindy Crawford sing Fott,
Däm Cindy sie Föttche han ich nit,

Klein un rund, jede Hälfte exquisit gemolt.
De ming ess verdammp groß un breit,
Hellig dat Gefäß, dä Tonkrug, do kanns wähle,
Ich kann se nit versteche,
Un alles, wat ich dun kann, ess, mich nit schineere.
Ich muss se benötze, bequäm drop ze setze,
För ze lese ov ze schrieve.

Ävver sag doch ens:
Wie off log der dat Cindy Crawford ald ze Föße?
Wie off hatt et dann Zärtlichkeite am Morge för dich?
Bützger en der Nacke en der Naach,
Kitzele, Laache, lecker Ies aan et Bett,
E spontan Gedeech, ne Tip för e Abenteuer,
Ne Bleck op dat, wat kütt?
Wovun künnt der et Cindy Crawford jet verzälle,
Wat och nor noh aan dat eraanköm?
Wat för Revolutione, historische Events kennt et?
Nit zo bescheide: Ess singe su perfekte Body
Weld wie der minge sin kann,
Voll Föör un zaat, Kenner
Vun Näächte ohne Morge
Un vun Morge ohne Näächte,
Clevere Entdecker vun alle Regione
En dinger Geografie?

Loß der dat durch der Kopp gonn.
Üvverläg got, wat ich der ze bede han.
Dun die Illustreete fott
Un komm en et Bett.

VUN JOHR ZO JOHR

Zo de kölsche Saturnalie

Zo de kölsche Saturnalie,
Simserimsimsimsimsim,
Kome Römer us Italie,
Simserimsimsimsimsim.
Vörop met Trompeteschall,
Täterätätä,
Wie Generalfeldmarschall,
Täterätätä,
Dionysius Bacchus,
Wauwauwauwauwauwau,
Dionysius Bacchus,
Schnäderätängschnäderätäng...

Un am Dom wood avgeschnallt,
Simserimsimsimsimsim,
Hei, da pfeift der Wind so kalt,
Simserimsimsimsimsim.
Doch vum Rhing do kom nen Duff,
Täterätätä,
Au, do schreit der Bacchus: Uff,
Täterätätä,
Rebenblut und Eichen!
Wauwauwauwauwauwau,
Rebenblut und Eichen!
Schnäderätängschnäderätäng...

Marjadeis, jetz wood gesoffe,
Simserimsimsimsimsim,
Dat se naaks sin heimgekroffe,
Simserimsimsimsimsim.
Ävver op der Bärenhaut,
Täterätätä,

Fählte jetz et Fräulein Braut,
Täterätätätä,
Ubiens Germane,
Wauwauwauwauwauwau,
Ubiens Germane,
Schnäderätängschnäderätäng...

Ääzenbär

Fastelovend, dat weiß jeder,
Gitt et ald vill dausend Johr!
He en Kölle mahte Römer
Un de Schmitzens alles klor.

Dionys un Bacchus e i n e r,
Isis un Osiris z w e i,
Et Veleda us der Flutschgass,
Ubier sin met dobei.

De Bataver un Cherusker,
Odin, Wotan, Baldur d r e i
Un dä Bösch vun Alt-Germanien,
Hexe, Wiever, Böck un H e u.

Agrippina, Parvus, Pronus,
Schäle Manes, zira, zapp.
Alles triff sich hück em Forum,
Hööner, Flabes, Cül un Kapp.

En Germanie ess et düster,
Nor am Rhing do weed et hell.

Oppidi Coloniae forum,
Kölsch Lating, dat lihrt sich schnell.

Kölsche Römer un Germane,
Liever-, Bett- un Sprochgemölsch!
Nä, wat hatte mer för Ahne!
Kraff un Loss un Freiheit: Kölsch!

Loß mer danze hück un rose,
Roserei ess Fasteleer,
Rose-Mondag heiß dat Kreppche,
Rosemondag krüzz un quer!

Stadtzaldate

Zimderä, zimderä, mer sin kölsche Funke,
Mer stonn aan de Pooze Waach
Un dobei weed gedrunke!

Zimderä, zimderä, mer sin Stadtzaldate,
Mer gevven op de Pooze aach
Un dobei dun mer kaate!

Zimderä, zimderä, schöner Götterfunke!
Schöner ess uns kölsche Aat,
De Funke, säht mer, stunke!

Plaisir d'amour

Mer kölsche Mädcher sin treu,
Plaisir d'amour
Fastelovend immer.

Eimol pack et vun uns jede,
Liet mer sich e Bützge bede
Vun nem Karressant,
Proper un charmant,
Kess un elegant,
Un mer fingk dat alles wirklich intressant.
Dann kütt dä Dag, do kritt mer vum Amor der
    eeschte Schoss
Un su ne Funkezaldat mäht wahrhaftig ens Loss.
Ovends geiht mer dann der Wall erav spazeere,
Hält och he un do ens aan un deit jet schnabeleere.
Plaisir d'amour, dat Leed ess wirklich ganz neu,
Plaisir d'amour, ich hatt gar keine Schimmer:

Mer kölsche Mädcher sin treu,
Plaisir d'amour
Fastelovend immer.

Fastelovend hückzedags

Wa'mer hückzedags durch Kölle geiht,
Ess mer fruh, dat su e bessge Dom noch steiht,
Su e Stöckche Rothuus un Zint Ooschels,
Noch jet vun Zint Mäte, Sankt Apostele, Girjun.

Dann, wat söns dohin gestallt weed
En die ahle Plätz un Gasse,
Dat ess groß un hät vill Masse –
Ävver keine Truß.
Et ess bedrövte Krom,
Un Angs ess singe Luhn.
Wat mer Minsche dodren solle,
Dat weiß keiner, donoh weed och nit gefrog.
Minsche sin hück üvverzällig woode,
Dann mer meint, de Technik deit et och.

Ävver ehr un ich, mer ärme Jecke,
Halden och noch dat verdötschte Kreppchen us.
Fastelovend ess gekumme
Met Gefleuts un decke Trumme,
Un mer feeren Fastelovend
He, derheim un op der Stroß.

Un wie deit mer Fastelovend feere
En dem Brassel, dem Zorteer,
En dem Klotzbetonschlamassel,
En der Hetzerei un dem Verkehr?!

Zom Exempel he die Juffer,
Söns do bäät se zom Zint Jan,
Hück op Fastelovend deit se
Sich en originell Kostümche aan,
Un se singk met vill Elan:

»Hätt ich ziggig dat begreffe,
Söß ich jetz beim brave Mann,
Plaz am Pröttel he ze klevve
Nevve minger Kaffekann.«

Zwei Jecke

B: En Kölle ess mer liberal
Em Carneval, em Carneval,

A: Met der jecke Zahl, die Jeckezahl!

B: Met »Elf« liet Jeck dä Jeck elans,

A: Süch, dat de wigger küss, do Hans,
He han ich minge Baum geplanz.

B: Ich ben genau esu jeck wies do,
Mer steiht die Plaaz genau esu zo,
Ich planze he grad su wies do.

A: Dat häss de der esu gedaach.
Ich wor ald he morgens öm aach,
Un do küss jetz, dat wör gelaach.

B: Do bess en zogeknöppte Ahl,
Ov aach, ov zwölf, ess doch egal,
No bess doch ens jet liberal.

A: Wä ess en Ahl, do jeck Schrapnell?
Putz der doch leever ens dä Brell,
Ich rötsche he nit vun der Stell,
Do mag ens kumme, wä do well.
Ov lieber Junge, lieber Ahl,
Die Plaaz ess ming op jede Fall!

B: Ne Jeck liet doch ene Jeck elans
Un freut sich, wann he jeder danz,
De Haupsaach ess, dat de't noch kanns!
Alääf'che!

A: Jeck Ääpche!

Bütteredner-Training

Wat mer bruche, dat sin professionelle Bütteredner, Schwaadschnüsse met Senn un Verstand – un platt natörlich. Wenn irgendwie möglich platt. Platter geiht et gar nit. Platt för huhe Aanspröch.

Wann Se jung sin un op Leistung stonn, drei Mond em Johr Zick han, ess et mügelich, dat mer eine uus Inne maache, einer, dä sprich, wie im de Schnüss gewahßen ess, voll Wetz un plattem Humor, dän jedereiner versteiht, dä Ohre am Kopp hät, üvver dän jeder laache muss, och wann hä nix gehoot hät. Ne Proffi, einfach ne Bütteredner op Platt. Met Senn för Optrett un Avtrett, för Klasse un Kasse, för Kölsch un Koon, för Zotenfrei un Narretei, för sooren Hungk un Pääd un Brode, däm nix stink, dä sprich un singk un de Kapp ophält un et Scheckboch zück. Ne professionelle Bütteredner natörlich, dä mer en der Äugelskess vörzeige kann, landop – landav, telegen, fotogen, östrogen, treudeutsch un treudoof, kootöm vun allem jet, wat mer su hät en su ener Stadt, nit dit un nit dat, ganz einfach: Kölsch Platt.

Vum Wedder

Em Summer ha'mer off gedaach:
Och, dät de Sonn ens widder schinge,
Och, dät se doch ens widder schinge
Zwölf Stunde lang am Dag.

Uns wör et wärm öm zwölf Ohr meddags
Un och öm zwölf noch en der Naach.

Zwei Jecke

B: En Kölle ess mer liberal
Em Carneval, em Carneval,

A: Met der jecke Zahl, die Jeckezahl!

B: Met »Elf« liet Jeck dä Jeck elans,

A: Süch, dat de wigger küss, do Hans,
He han ich minge Baum geplanz.

B: Ich ben genau esu jeck wies do,
Mer steiht die Plaaz genau esu zo,
Ich planze he grad su wies do.

A: Dat häss de der esu gedaach.
Ich wor ald he morgens öm aach,
Un do küss jetz, dat wör gelaach.

B: Do bess en zogeknöppte Ahl,
Ov aach, ov zwölf, ess doch egal,
No bess doch ens jet liberal.

A: Wä ess en Ahl, do jeck Schrapnell?
Putz der doch leever ens dä Brell,
Ich rötsche he nit vun der Stell,
Do mag ens kumme, wä do well.
Ov lieber Junge, lieber Ahl,
Die Plaaz ess ming op jede Fall!

B: Ne Jeck liet doch ene Jeck elans
Un freut sich, wann he jeder danz,
De Haupsaach ess, dat de't noch kanns!
Alääf'che!

A: Jeck Ääpche!

Bütteredner-Training

Wat mer bruche, dat sin professionelle Bütteredner, Schwaadschnüsse met Senn un Verstand – un platt natörlich. Wenn irgendwie möglich platt. Platter geiht et gar nit. Platt för huhe Aanspröch.

Wann Se jung sin un op Leistung stonn, drei Mond em Johr Zick han, ess et mügelich, dat mer eine uus Inne maache, einer, dä sprich, wie im de Schnüss gewahßen ess, voll Wetz un plattem Humor, dän jedereiner versteiht, dä Ohre am Kopp hät, üvver dän jeder laache muss, och wann hä nix gehoot hät. Ne Proffi, einfach ne Bütteredner op Platt. Met Senn för Optrett un Avtrett, för Klasse un Kasse, för Kölsch un Koon, för Zotenfrei un Narretei, för sooren Hungk un Pääd un Brode, däm nix stink, dä sprich un singk un de Kapp ophält un et Scheckboch zück. Ne professionelle Bütteredner natörlich, dä mer en der Äugelskess vörzeige kann, landop – landav, telegen, fotogen, östrogen, treudeutsch un treudoof, kootöm vun allem jet, wat mer su hät en su ener Stadt, nit dit un nit dat, ganz einfach: Kölsch Platt.

Vum Wedder

Em Summer ha'mer off gedaach:
Och, dät de Sonn ens widder schinge,
Och, dät se doch ens widder schinge
Zwölf Stunde lang am Dag.

Uns wör et wärm öm zwölf Ohr meddags
Un och öm zwölf noch en der Naach.

Zwei Dotzend Stunde Summermeddag,
Wat wör et Levve dann en Praach!

Dann künnt et langsam köhler wäde,
Dä golde Hervs köm pö a pö.
Doch leider geiht dat nit op Ääde,
Et kritt nit jeder singe Tee
(Un och nit jederein sie Wedder).

Hervs

Jetz ess der Hervs, der Hervs gekumme,
»Die goldene Herbsteszeit«,
Jetz riefe Druve un Prumme
Un brängen uns Silligkeit.

De Haselnöss un de Schlehe
Die locken uns ald am Struch.
De Haselnöss bränge Idee,
De Schlehe Föör en der Buch.

De Äppel süht mer leuchte,
De Birre sin met dobei.
Wat rief ess, kann falle en't Feuchte:
Et Johr vergeiht en e neu.

Jetz ess der Hervs, der Hervs gekumme,
»Die goldene Herbsteszeit«,
De Druve, de Äppel, de Prumme,
Se brängen uns Silligkeit!

Zinter Klos

Wann et ens widder Winter gitt,
Dat selvs der Mond der Mantel kritt,
Wann em Gebünn et kraach vum Fross,
Dann freuen ich mich op Zinter Klos.

Dann gläuven ich aan dä lange Baat
Un aan die Reis, die hä gemaht,
Un dat hä hät et räächte Moß
För jede Teller un jede Blos.

Dann stellen ich höösch mich en en Eck
Un dunn do op sie Klöckche wade,
Un wä do meint, ich wör ene Jeck,
Dä loßen ich räuhig wigger schwade.

Un denken dann su vör mich hin:
Künnt alles noch ens richtig sin,
Su en der Odenung vun fröher –
Der hellige Mann wör uns jet nöher!

Es weihnachtet sehr!

Widder Printe em Lade,
Stäne, Lametta un all dä Buhei.
Es weihnachtet sehr,
De Lück sin am Schwade:

Wann dat doch ald widder hinger uns wör!
Wat soll all dä Schnickschnack,
Wat soll all dä Plunder?

Zwei Dotzend Stunde Summermeddag,
Wat wör et Levve dann en Praach!

Dann künnt et langsam köhler wäde,
Dä golde Hervs köm pö a pö.
Doch leider geiht dat nit op Ääde,
Et kritt nit jeder singe Tee
(Un och nit jederein sie Wedder).

Hervs

Jetz ess der Hervs, der Hervs gekumme,
»Die goldene Herbsteszeit«,
Jetz riefe Druve un Prumme
Un brängen uns Silligkeit.

De Haselnöss un de Schlehe
Die locken uns ald am Struch.
De Haselnöss bränge Idee,
De Schlehe Föör en der Buch.

De Äppel süht mer leuchte,
De Birre sin met dobei.
Wat rief ess, kann falle en't Feuchte:
Et Johr vergeiht en e neu.

Jetz ess der Hervs, der Hervs gekumme,
»Die goldene Herbsteszeit«,
De Druve, de Äppel, de Prumme,
Se brängen uns Silligkeit!

Zinter Klos

Wann et ens widder Winter gitt,
Dat selvs der Mond der Mantel kritt,
Wann em Gebünn et kraach vum Fross,
Dann freuen ich mich op Zinter Klos.

Dann gläuven ich aan dä lange Baat
Un aan die Reis, die hä gemaht,
Un dat hä hät et räächte Moß
För jede Teller un jede Blos.

Dann stellen ich höösch mich en en Eck
Un dunn do op sie Klöckche wade,
Un wä do meint, ich wör ene Jeck,
Dä loßen ich räuhig wigger schwade.

Un denken dann su vör mich hin:
Künnt alles noch ens richtig sin,
Su en der Odenung vun fröher –
Der hellige Mann wör uns jet nöher!

Es weihnachtet sehr!

Widder Printe em Lade,
Stäne, Lametta un all dä Buhei.
Es weihnachtet sehr,
De Lück sin am Schwade:

Wann dat doch ald widder hinger uns wör!
Wat soll all dä Schnickschnack,
Wat soll all dä Plunder?

Wä gläuv en däm Hick-Hack
Dann noch aan dat Wunder,
Dat uns ene Heiland gebore wör?

Es weihnachtet sehr!

Widder Rummel un Mode,
Geld, Sammet un Seid un all dat Gedöns.
Es weihnachtet sehr,
De Lück sin am rode:

Wann weed dann dat Spill endlich avgeschaff?
Wann kütt widder Gevve,
Wann kütt widder Schenke?
Wä gitt dann sie Levve,
Domet mer bedenke:
Wat, wann uns ne Heiland gebore wör?

Es weihnachtet sehr!

Dräum vör Chressdag

Zwesche Heidekruck un Leechterbaum –
Nit nor Kinder dräume do su mänche Draum.
Kinder dräume vun dä kleine Saache,
Wie se Kinderhätze glöcklich maache.

Große dräume en de Kinderzick zeröck,
Dräume, dat et endlich kütt, et große Glöck:
En ›Sechs‹ em Lotto, oder och ne Minsch,
Vun däm mer lang sich ald en Antwoot wünsch.

Wünsch Fredde sich, en Frau wünsch sich e Kind,
Ov dat dä Här em Huus nit grad esu blind
Des Ovends nor noch en der Weetschaff steiht,
Aan ehr vörüvver zo ner andre geiht.

Se dräume all un hoffe, wünsche, bedde.
Doch och, wie flöck ess grad die Zick verledde,
Wo zwesche Heidekruck un Leechterbaum
Nit nor de Kinder dräume mänche Draum.

Wann Chressdag ess!

De Klocke singe, wann Chressdag ess:
Ehr Minsche all, ehr Minsche –
De Klocke singe, wann Chressdag ess:
Doot schenke, nit nor wünsche!

De Leechter sage, wann Chressdag ess:
Doot kühme nit un klage!
Doot örem Nohber, wann Chressdag ess,
Doch ens jet Godes sage!

De Stäne sage, wann Chressdag ess:
Hück well hä üch begähne.
Helft örem Nohber, wann Chressdag ess,
Der Herrgott deit üch sähne.

Us dem Evangelijum noh Lukas, 2. Kapitel
(ins Kölsche gesetzt nach der deutschen Übersetzung des Dr. Martin Luther)

Dat wor jo domols zo der Zick esu, dat vum Kaiser Augustus dat Gebott kom, en Steuerschätzung för die vun Rom beherrschte Welt ze maache. Dat wor för Rom de eeschte en der Aat, un dat wor akkerat zo der Zick, do dä Cyrenius en Syrien et Regalt hatt. Un do moot jetz jeder en sing Stadt; do, wo hä gebore wor, moot hä sich endrage loße.

Su maht et och der Jusep, dä us Nazareth en Galiläa. Hä moot noh Betlehem, en de Stadt Davids, weil hä vun David avstammen dät, domet hä do beim Finanzamp engedrage wööd. Hä un sing Huusfrau, et Marie, dat schwanger wor. Un se wore grad got do, wie et Marie gewahr wood, dat sing Stund gekumme wor. Un se braht ehre eeschte Son op de Welt, dät en weckele un en en Krepp läge, weil se en keinem Huus ungerkumme kunnte.

Un op enem Feld vör Betlehem, do wore en der Naach Heete, die heelte Waach bei ehre Schof. Un wesst ehr, wat geschoh? Et kom ene Engel vum Himmel, hell wood et, wie am Dag; die Heete spoote Goddes Nöh un hatten Angs wie nie. Ävver dä Engel sproch zo inne: »Ehr brucht nit bang ze sin, dann et ess su, dat ich üch große Freud aansage kann, Freud för alle Minsche. Dann hück wood üch der Heiland gebore, he en Betlehem, un hä ess Christus, der Här. Ich kann üch och dat Zeiche sage: Ehr wääd dat Kind, en Windele geweckelt, en ner Krepp lige finge.« Un domet woren och ald dausend andere Engele öm in eröm, de himmlische Heerschare, die däte Gott lovve un sage: »Ehre sei Gott do bovven en der Hüh, un Fredde op Ääde un Glöck de Minsche.«

Dann woren de Engele fott, un för de Heete gov et nor dat eine: Op noh Betlehem, för ze sinn, wat der Här do aangesaht hatt. Un wie se leefe! Verhaftig funge se Maria un Jusep un dat Kind dobei en der Krepp. Un wie se't su met eige Auge gesinn hatte, gingken se rund un sahte jedem, dä se trofe, wat passeet wor. Dat, wat se ze sage hatte, klung denne Minsche all wie e Wunder, se kunnten et kaum gläuve. Nor et Marie verstund allze got, wat der Här do gesaht hatt, un et beheelt die Wööt em Kopp un deef em Hätze.

GEDANKE FÖR
JEDERMANN

Prolog

Goden Dag zesamme, ehr god Lück,
Ehr Männer un ehr Fraue.
Et schingk uns wirklich aan der Zick,
Dat mer uns all e bessge zaue,
Dat jedermann bei sich bedenk,
Wohin hä singe Wage lenk.
Dröm bränge mer üch hück e Spill,
Dren jeder sich erkenne well.
Ich, dä he wacker vör üch steiht,
Sagen üch, wie dat Kreppche geiht.
Et ess dat Spill vum Jedermann,
Dä alles hät un alles kann,
Un wat hä bruch, dat schaff hä aan.
Läv Dag un Naach en Loss un Freud,
Egal, wie et dem Nohber geiht,
Egal, ov dä om Hölzge fläut,
Ov hä in en et Älend däut.
Schrabbe un raafe, der Nöhkste uuspresse
Un dann widder, heißa, versuffe un fresse,
Op de Höhner klemme, de Fraulück aanmaache
Un tuppe un spille, dat sin su sing Saache.
Üvver Gott un Gebott, do kann hä nor laache.
Ich Minsch ben Herrgott, ich weiß, wat ich kann,
Wat gonn mich Dud, Düvel un Christus aan.
Dä Chress, dem Zemmermanns Jupp der singe,
Ess got för ahl Möhne, ess got för Beginge.
Weiß nit, wie noh uns all der Dud,
Weiß nit, wie mer do krüff en Nut,
Wann Glanz un Gloria dohin,
Wann nor noch Ping un Älend sin,
Wann keine Groschen en der Täsch
Un keine Droppen en der Fläsch,

Wann dich kein Quisel mieh belo't
Un och der letzte Fründ ess fott.
Wann dann der Dud klopp aan ding Döör,
Dann, Jedermann, bezahls do dör.
Dann schreis zom Herrgott do voll Reu –
Doch dä ess wick. – Et ess vörbei.

Do sacks su deef, oh Jedermann,
Dat keiner deer mieh helfe kann.
Bedenkt dat all, die ehr he setzt,
Der Dud, dä höllt üch doch zeletz –
Do hilf üch och kein Krankekass,
Vörm Dud hät die ald lang gepass.
Der Herrgott üch nor wähßele künnt,
Haldt in üch wärm als gode Fründ!

Och hück noch...

Denkt nicht, dies sei ein Spiel aus alten Zeiten,
Die heute nicht mehr sind.
Auch heute hab'n die Damen andre Oberweiten
Und kriegen ab und zu ein Kind.

Och hück noch dräht der Minsch de Nas ganz vöre
Un suzesage em Geseech.
Och hück noch ess sing Fott do hinge,
Un en dat Kirv schingk gar kei Leech.

Och hück noch gitt et Riche, die Geseechter
Spazeere drage wie vun Stein,
Un die dann sterve zom Erbärme,
Vun Gott verloße, ganz allein.

Och hück noch steiht der Dud aan Ecke,
Vun denne vörher keiner weiß.
Un schnapp sich he un do ens einer
Un geiht dann met im fott, ganz leis.

Och hück noch sin de gode Fründe
Un de Verwandte immer do,
Wann se vun der jet erve künne,
Doch geiht et schlääch, wo sin se do?

Och hück noch gitt et Minsche-Düvel
Un all dat Kroppzüg us der Höll.
Och hück noch brennt de Sünd em Hätze,
Un Gotsin mäht der Himmel hell.

Och hückzedags noch kütt dä Engel,
Dä do als kleine Panz gekannt.
Hä wor wie Omas Schützelsbängel,
Wann et der schlääch gingk, bei der Hand.

Och hück noch kann et der dann helfe,
Wann do vun dingem Älend sprichs,
Dat einer zohööt, dä em selve
Bedrövte, vun Gott verloße Levve stich.

Wie ävver eesch, bedenkt, ehr Ärme,
Die ehr am Herrgott gar nit hängt,
Wie wör et, dät ehr üch besenne
Op dän, dä all ör Levve lenk?

Och hück noch ess för Jedermann
(Un Jedermann ess jedereiner),
Dä he wie do am levve ess,
Och hück noch ess der Herrgott bovve
Et Leech, dat all uns Levve miss.

Och hück noch sollt jedweder bedde,
Sich kneene un zo Gott däm Här
Sie Hätz voll Sünd un Wunde drage,
Bedenkt dat all, ehr Minsche, ehr!

Op der Wäg

Dat Spill, wat mer jetz hevven aan,
Ess Christus-Jesus zugetan,
Dän uns Gott-Vatter zogesandt,
Dä Minscheson en Minschehand.
Säht, wie mer *In* han zogereech
Un dun et wigger alle Däg.
Säht, wie *Hä* lävte op der Ääd
Un he su mänches Wunder dät.
Dat *Hä* uns bedde hät geleh't,
Wie *Hä* zom Herrgott-Vatter dät.
Zeig, wie *Sie* Levve wor un Leid
Un och *Sie* Engk en Herrlichkeit.
Zick *Hä* su Minschemoß erfohr,
Ess Dud op Ääden bellig nor,
Su wie hä vördäm schrecklich wor.
Met Christus geiht de Fahrt zom Leech,
Hä ess uns Senn, Woot un Gereech.
Ehr wesst et all un doch passeet,
Dat ehr e Levve ganz verkeht
Un gäge Christus arrangeet.
Dröm he uns Spill, dat ehr *In* hööt.

    Amen!

Woot zom Sonndag

Alsu, gläuven Se?
Ävver Se gläuve jo nit.

Ävver, ov Se gläuven oder nit, aan irgend jet müssen Se doch gläuve, als gebildete Minsche suzesage.

Irgend jet gläuv doch jeder, oder nit? Dat de Welt rund ess oder platt. Mingetwäge och platt. Mer ess zwor en runde Saach leever, ävver wann Sie mieh för platt sin, woröm nit? Ich ben immer platt, wann ich einer sage höre, hä gläuv aan gar nix. Gläuv dä och nit aan sich selver? Ess schwer, aan gar nix zo gläuve, schwerer wie mer meint. Irgend jet oder irgendwie gläuv mer schon.

Beim Robert Browning, muss ene Engländer sin, han ich dat got uusgedröck gefunge, wann hä do säht:

»Wat mer durch Nitgläuve gewonne han,
ess nix als wie e Levve voll Zwiefel
vermengk met Gläuve,
statt nem Levve voll Gläuve
vermengk met Zwiefel:
Eimol ha'mer gesaht, et Schachbrett wör wieß –
jetz sage mer, et wör schwazz.«

Ohne ze gläuve, ka'mer nit levve. Et dröck einem et Hätz av, wa'mer nix mieh gläuve kann. Nit aan Vatter un Mutter, nit aan Mann oder Frau, nit aan Herrgott un Fraugott. Do ka'mer sich doch tirek begrave loße. Un dat grad sonndags? Der Sonndag stelle ich mer doch jet genöglicher vör. Solle mer nit am Sonndag einfach ens widder aanfange met Gläuve?

Dat wör doch noch jet! Ja dann:
Tschüss zesamme!

Dat Leed vum Schwamm

Mer dragen all, ov klein ov groß,
Dä Schwamm ald em Tornister,
Ne Schwamm för links, ne Schwamm för räächs,
För Marschall un Minister.
Ne Schwamm för nationale Ping
Un internationale:
För einer, dä am Krüzz ens hing,
Ne Schwamm för Martin Luther King,
De Junge wie de Ahle.

Ess nix met Schwamm, ess nix met Bich,
Et weed ze vill geloge,
Un weed met Schwamm nit un met Bich,
Weed nie mieh grad geboge.

Mer dräht hück Schwamm, wä deit dat nit?
Schwamm ess ganz groß en Mode.
Ov dat am Amnesteere litt,
Dat et dat Bichte nit mieh gitt,
Dat alles su verboge?
Wa'mer me'm Schwamm ens drüvver ging,
Dann wööd dä Dreck doch secher fing
Un wigger brav geloge:
Dann einer, dä am Krüzz ens hing,
Einer wie Martin Luther King,
Wat hann die he verlore?

Ess nix met Schwamm, ess nix met Bich,
Et weed subtil geloge,
Un weed met Schwamm nit un met Bich,
Weed nie mieh grad geboge.

Uns litt dä Schwamm leich en der Hand,
Mer han jo kei Gewesse.
Katholisch oder liberal,
Mer künnen en nit messe.
Wa'mer me'm Schwamm ens drüvver ging,
Wat göv dat en Odörche!
Die Amnestie wör secher fing
Un alles süng em Chörche:
Et Krüzz ess alt – et Krüzz ess leer –
Wä gitt sich för et Krüzz noch her?

Ess nix met Schwamm, ess nix met Bich,
Et weed stabil geloge,
Un weed met Schwamm nit un met Bich,
Weed nie mieh grad geboge.

Am Engk

Un am Engk, un am Engk
Go'mer all jet heim,
Söke bes zom Hahnekrieh,
Söke bes op morge fröh
Ganz allein, ganz allein
Bei uns derheim.

Söke stell, söke stell,
Wat et Hätzge well.
Söke Mot un Üvvermot,
Söke bes zom Morgerut
Ganz allein, ganz allein
Bei uns derheim.

Finge mer, finge mer,
Wat et Hätzge bruch,
Ess et Levve widder rund
Morgens ald zor eeschte Stund,
Nit allein, nit allein
Bei uns derheim.

BEIHAU

Übersicht über die in diesem »Beihau« verwendeten Abkürzungen

A.   Auflage
ASK   Altermarktspielkreis
eig.   eigentlich
Erl.   Erläuterungen
hg.   herausgegeben
LP   Langspielplatte
o.J.   ohne Jahr
RG   Richard Griesbach
V   Veröffentlichung

Übersicht über Veröffentlichungen und Tonträger mit Texten von Richard Griesbach

1975   Loss m'r doch noch jet singe. Eine Sammlung von Liedern in rheinischer Mundart, hg. v. Gerold Kürten (1. Teil) (1975–1981).
1977   Wat et nit all gitt. Gedeechte un Leedcher von Richard Griesbach (hg. v. Gerda-Marie Dorff), o. J. (Privatdruck).
1981   Loss m'r doch noch jet singe. Eine Sammlung von Liedern in rheinischer Mundart, hg. v. Gerold Kürten, 2. Teil (1981–1988).
1984   Pänz us Kölle. Hg. v. der Akademie för uns kölsche Sproch. 1. A. und 2. A.
1985   Alt-Köln. Mitteilungen des Heimatvereins Alt-Köln. Heft 60.
1985   LP Kölsche Weihnacht 2. Tonger-Musik GmbH.
1987   Eine Hand wäscht die andere. Kölner Lesebuch, hg.v. Jochen Arlt, J.W. Martin.
1987   LP Kölsche Weihnacht 3. Tonger-Musik GmbH.
1989   Kölle läv. Rümcher un Verzällcher us Kölle un rundseröm. Hg. v. der Akademie för uns kölsche Sproch.
1989   Stadt im Bauch, 3. Kölner Lesebuch, hg.v. Jochen Arlt.

1989	Vaters Land und Mutters Erde, hg. v. Jochen Arlt.
1989	Kölner Weihnachtsbuch, hg. v. Jochen Arlt und Richard Griesbach.
1989	LP Kölsche Weihnacht 4. Tonger-Musik GmbH.
1991	Dat es Kölle, wie et läv. Rümcher un Verzällcher us Kölle un rundseröm. Hg. v. der Akademie för uns kölsche Sproch.
1992	Autorinnen und Autoren in Köln. Vorgestellt in Text und Bild. Zusammenstellung und Bearbeitung: Uta Biedermann. Hg. v. Literarische Gesellschaft Köln / Freunde der Stadtbücherei e.V. / LiK-Archiv der Stadtbücherei Köln.
1992	«Kölsche Weihnacht«-Liederbuch mit Liedern und Geschichten in Kölner Mundart aus den »Kölsche Weihnacht« LPs 1–5, by Tonger-Musik GmbH.
1994	Drei för Kölle. Levve pur mit Ingeborg Nitt, Richard Griesbach, Karl-Heinz Nagelschmidt. Hg. v. Jochen Arlt.
1994	Alt-Köln. Mitteilungen des Heimatvereins Alt-Köln. Heft 95.
1994	Kölle läv et janze Johr. De fünf Johreszigge. Rümcher un Verzällcher us Kölle un rundseröm. Usjesook un zosammegestallt vum Willi Reisdorf. Hg. v. der Akademie för uns kölsche Sproch.
1996	Alt-Köln. Mitteilungen des Heimatvereins Alt-Köln. Heft 100.
1995	Krune un Flamme. Mitteilungen des Heimatvereins Alt-Köln. Heft 1.
2002	Dat kölsche Spill vun Jedermann – Et Engk vum Leed ess der Dud. Hg.v. Altermarktspielkreis der Volkshochschule Köln (Martin Jungbluth), o.J. (Privatdruck).
2002	Kölsches Passionsspiel »Vun Bethlehem bes Joljotha«. (Hg. v. Martin Jungbluth), o.J. (Privatdruck).
2002	Em Weetshuus »Zo de veezehn Aaschbacke«. E Spill en 5 Bilder öm en Kölsche Weetschaff. (Hg. v. Martin Jungbluth), o. J. (Privatdruck).

Übersicht über die Programme des Altermarktspielkreises 1966–1998 (ohne Wiederaufnahmen)

Herbst	1966	Och Moder, de Finke sin dut (Gedenkabend für Franz Goebels)
Mai	1967	Verlieb, verlob, verhierot
Feb.	1968	Himmel un Ääd met Blotwoosch
Feb.	1969	Kölsche Parodien
Feb.	1970	Ich ben de Stroß erav gegange
Herbst	1970	Cölsche Originale, Typen und Straßenfiguren
Okt.	1971	Us Johreslevve un Levvensjohre (Franz Peter Kürten)
Feb.	1972	Kirmes en U K B
Feb.	1973	Fastelovend es gekumme (2000 Johr Fastelovend en Kölle)
Feb.	1974	Em ahle Posshoff
Feb.	1975	D'r drette halve Hahn (zum 25-jährigen Jubiläum)
Okt.	1975	Kölsche Matinee
Feb.	1976	Et Stina muss ne Mann han (Willi-Ostermann-Revue)
Okt.	1976	K un K-Ovend (Kürten und Kuhlemann)
Feb.	1977	Em Weetshuus »Zo de veezehn Aaschbacke«
Apr.	1977	Rongk öm et Dörp (Franz Peter Kürten)
März	1978	Dat ahle kölsche Spill vun Jedermann
Feb.	1979	E Ständche en d'r Bechergass
Dez.	1979	De Chressnaach en Kölle (B. Gravelott)
Mai	1980	Ne kölsche Fröhschobbe (zum 30-jährigen Jubiläum)
Okt.	1980	Kölsche Emanzen (nach »Les Georgiennes« von Jacques Offenbach)
Feb.	1981	De Stollwercks-Hautevolee
Mai	1981	Bimbo-Matinee (für Josef »Bimbo« Schoenenberg)
Dez.	1981	Et geiht op Chressdag aan
Feb.	1982	Die hinger de Gadinge
März	1983	Dat kölsche Spill vun Jedermann
Feb.	1984	Ärm Jecke em Rään

Feb.	1985	Dat ahle Sofa neu üvvertrocke
März	1986	Vun Bethlehem bes Golgotha: Kölsches Passionsspiel
April	1986	Fröhschobbe zur Erinnerung an Franz Goebels
Feb.	1988	Manege frei – Circus Aldermaat
Feb.	1990	Et hät noch immer got gegange
Mai	1991	Fröhschobbe 40 Jahre Altermarktspielkreis
Mai	1994	Hallo, Frau Wirtin, wir sind hier
Jan.	1995	125 Jahre Blaue Funken
Juni	1995	Matinee 45 Jahre Altermarktspielkreis
Feb.	1996	Räuber un Schanditz (nach »Les Brigands« von Jacques Offenbach)
Juni	1996	Janos-Matinee (Abschied von Janos Kereszti)
Jan.	1998	Richard-Griesbach-Matinee (Geburtstag und Abschied)

Übersicht über die »Äugelskess«-Programme von 1977 bis 1997

1977	De Äugelskess[1] – e Kölsch Kabarett
1978	Mer sin esu frei
1979	Bonn-Bons
1981	Do kütt et ald widder
1982	Weld ess d'r Westen – op wat?
1983	Minsche? Minsche!
1984	Schwamm drüvver?
1986	Gesöök[2] un gefunge?!
1987	Immer widder Konjunktor
1988	Aan- & En- & Uusgepack
1989	Us 10 maach 11 (Querschnitt durch zehn Programme)
1990	Egal-Liberal-Fatal (ELFtes Programm)
1993	Em Dotzend belliger!?
1994	Do wor doch noch jet!?
1997	Ärm!? Ävver brav?!

[1] Anmerkung von RG im Programmheft (mit den Jahren leicht variiert): »Äugelskess kommt von äuge (äuje), d. i. nach Prof. Wrede: äugen, lauernd hinsehen. Hier ist gemeint: der Fernsehapparat.«
[2] Anmerkung im Programmheft: »eigentlich, älter und richtig: ›Gesook‹«.

Anmerkungen zu den einzelnen Texten

12 *Et geiht doch jeder singe Wäg*
Geschrieben etwa 1998 (Richard Griesbachs letztes Gedicht).

13 *De Äugelskess*
Geschrieben 1977 für die erste Äugelskess »De Äugelskess – e Kölsch Kabarett«; Melodie: Gerold Kürten nach dem Radetzky-Marsch von Johann Strauß; für jede weitere Aufführung verwendet, unter wechselnden Titeln, z. B. »De Äugelskess-Eröffnung«.
Erl.: Die *Äugelskess* war früher ein Spielzeug, eine Art einfacher Laterna magica; RG hat das Wort auf den Fernsehapparat übertragen. – *Kinderschwitt* = Kinderschar. – *mööt* = müsstet.

14 *Entree*
Geschrieben 1997 für die Äugelskess »Ärm!? Ävver brav?!«.
Erl.: *FA* = Finanzamt. – *zeet* = ziert.

16 *Uns Kölle am Rhing*
Geschrieben 1993 für die Äugelskess »Em Dotzend belliger!?«; Melodie: Janos Kereszti.

17 *Wä nie en Kölle...*
Geschrieben 1993 für die Äugelskess »Em Dotzend belliger!?«
Erl.: RG schrieb und sprach *Rosemondag*, weil er das Wort nicht von »Ruse« (Rosen), sondern von »*rose*« (rasen, närrisch sein) ableitete.

17 *Sibbe Bröcke*
Geschrieben 1987 für die Äugelskess »Immer widder Konjunktor!«; Melodie: Janos Kereszti.
Erl.: *mallich* = jedermann, alle.

18 *Immer e Päckelche Kölle*
Geschrieben 1988 für die Äugelskess »Aan- & En- & Uusgepack!«; Melodie: Janos Kereszti.
V: Alt-Köln Heft 95, 1994, S. 16.

19 *I like Kölle*
Geschrieben 1987 für die Äugelskess »Immer widder Konjunktor!«; Melodie: Janos Kereszti.

Erl.: (Milan) *Sladek*, berühmter Pantomime, zeitweise mit eigenem Theater in Köln.

Et ess noch Levve en der Stadt 20
Geschrieben 1987 für die Äugelskess »Immer widder Konjunktor!«; Melodie: Janos Kereszti.
V: Kölle läv, 1989, S. 17.
Erl.: *belle*: eigentlich der Klang der Kugelschellen, wie sie der »Bellejeck« an seinem Gewand und seiner Mütze trägt.

Konjunktor en kölle 20
Geschrieben 1987 für die Äugelskess »Immer widder Konjunktor!«.
Erl.: *cloaca maxima* (lat.) = riesengroße Kloake. – *wat mer als Leedche singk*: gemeint ist »Dat Wasser vun Kölle es jot« (Bläck Fööss).

E Verzällche vun de kölsche Klocke 23
Nach mündlicher Überlieferung im Altermarktspielkreis niedergeschrieben von RG.
V: Krune un Flamme, Heft 1, 1996, S. 37.
Erl.: *Hängebröck: Deutzer Brücke vor der Kriegszerstörung. – Zint Määte: Groß-St.Martin. – Bovve Maats-Poozen: Obenmarspforten. – Zint Ooschele: St. Ursula.*

Wat för e Thiater öm et Thiater! 24
Geschrieben 1982 für die Äugelskess »Weld ess d'r Westen – op wat?« (im Programm stand als Titel »Kölsch Thiater«).
Erl.: *loot = lasst. – Entree = (hier) Eintrittsgeld. – Fuustekies = Handkäse (als Beispiel frugaler Nahrung).*

Fröher »Unger sechzehn Hüser« 25
Geschrieben 1975 für das Programm »D'r drette halve Hahn«.
Erl.: *Anspielung auf die Pleite des Bankhauses I. D. Herstatt 1974. – Füss = (Klein-)Geld.*

Kölnische Ratlosigkeit 26
Geschrieben 1975 für das Programm »D'r drette halve Hahn«.
V: Wat et nit all gitt, 1977, S. 39.
Erl.: St. Konrad: natürlich Anspielung auf Konrad Adenauer, Kölner Oberbürgermeister 1917 bis 1933 und Mai bis Oktober 1945.

26 *Zeitungsleser-Klagelied*
Geschrieben 1975 für das Programm »D'r drette halve Hahn«.
V: Wat et nit all gitt, 1977, S. 42.
Erl.: *gringe* = eig. das Gesicht verziehen, hier: lachen.

27 *Ubierleed*
Geschrieben 1973 für das Programm »Fastelovend es gekumme«.
Erl.: *flutsche* = (hier) dahineilen

28 *Epilog em Hännesge*
Geschrieben 1970 für das Programm »Cölsche Originale«.
V: Wat et nit all gitt, 1977, S. 1.
Erl.: *Baselum* = Arbeitskittel. – *Knoll* = Knollennase.

29 *Dat Leed vun Hännesge un Bärbelche*
Geschrieben 1977, neu verwendet 1985 für das Programm »Dat ahle Sofa neu üvvertrocke«; Melodie: »E kölsch Fiakerleed« (»Wat wor dat doch en Kölle för e Levve«) von Heinrich Körschgen (Text) und Wilh. Joseph Breuer (Melodie).
V: Wat et nit all gitt, 1977, S. 3.
Erl.: *zunder Fähl* = ohne Fehl und Tadel. – *Zoot* = Sorte, Art.

31 *De veer Rabaue*
Geschrieben 1977 für die erste Äugelskess »De Äugelskess – e Kölsch Kabarett«; vorgetragen in Sprechgesang.
Erl.: *Kill*: Spitzname von Wilhelm Eichmeier, dem letzten Überlebenden der »Rabaue«.

32 *Elly Schmitz zum 70. Geburtstag*
Geschrieben Mai 1970 für ein Mitglied des Altermarktspielkreises.
V. Wat et nit all gitt, 1977, S. 52.
Erl.: *verledde* = vergangen. – *bauze* = laut weinen. – *geleht* = gelehrt. – *Höppekrat un Jesukindche klein*: Anspielung auf Rollen, die die Adressatin in den Programmen des ASK gespielt hat. – *Zivumm* = Schwung, Energie, Temperament.

33 *Hä ess ne ahle Kölsche*
Geschrieben April 1984 zum 60. Geburtstag von Dr. Max-Leo Schwering, zuständig am Kölnischen Stadtmuseum für kölnisches Brauchtum; Melodie: »Ich ben 'nen ahle Kölsche«, Walzerlied von Willi Ostermann.

Toi-toi-toi! 34
Geschrieben Oktober 1985 zum 50. Geburtstag von Dr. Heribert
A. Hilgers.
V: Alt-Köln Heft 60, 1985, S. 22.
Erl.: Der Adressat hatte seit seinen ersten Kölsch-Lehrveranstaltungen an der Universität den Spitznamen Kölsch-Professor.
– *Grade-Spill*: Dr. phil. ist als Doktorgrad einer der Grade, die die Universität verleiht. – *platz*: bedeutet eigentlich ›anstelle, statt‹, hier eher ›trotz‹.

Dem Mariännche zom 60. Gebootsdag 35
Geschrieben November 1988 für Marianne Dühr, eine Freundin der Familie Griesbach.
Erl.: Für die Adressatin, »e Boore-Mädche us'em Vürgebirg«, schreibt RG in Landkölsch. – *Dennebösch* = (Bonn-)Tannenbusch.
– *kölsche Kall*: das Geburtstagskind hatte schon seine Schulzeit (Kaiserin-Augusta-Schule) in Köln verbracht und liebte Köln und Kölsch. – *me'm krampgeöderte Verein*: die Adressatin leitete öfters für eine Gruppe älterer Damen Führungen durch Kölner Kirchen. –
peeß = eilt. – *kott* = übellaunig. – *rasele*: bedeutet nach den Wörterbüchern ›vor Kälte oder Schrecken zittern‹, hier ist wohl eher so etwas wie ›rascheln‹ gemeint (von dem Geräusch, das man hört, wenn ein Holzwurm sich durch Holz nagt). – *nünne* = behaglich trinken, genussvoll schlürfen. – *Reuz*: eigentlich Rückentragekorb, auch Vorrat. – *op eneuts* = aufs Neue, auf ein Neues.

Haa ..., ahh ..., HAH weed »60«! 36
Geschrieben Oktober 1995 zum 60. Geburtstag von Dr. Heribert
A. Hilgers.
V: Alt-Köln Heft 100, 1996, S. 26
Erl.: *Sibbeburge*: der Adressat wohnte Vor den Siebenburgen. –
Vörsetz: Vorsitzender des Heimatvereins Alt-Köln seit 1980. – *et »Blättche«*: die Vereinsmitteilungen »Alt-Köln«, später (seit 1996) »Krune un Flamme«. – *bannig* = mächtig, überaus. – Die sechs Schlussverse können litaneiartig gesungen werden.

Glöck ess kein Dotzendwar 40
Geschrieben 1993 für die Äugelskess »Em Dotzend belliger!?«.
Erl.: *Pröll* = Kram, Kleinkram.

40 *Kleinigkeite*
    Geschrieben 1986 für die Äugelskess »Gesöök un gefunge?!«;
    Melodie: Janos Kereszti.

41 *Draum*
    Geschrieben 1986 für die Äugelskess »Gesöök un gefunge?!«;
    Melodie: Janos Kereszti.
    Erl.: *deefe Bösch* = tiefer Wald.

42 *Sulang derheim…*
    Geschrieben 1984 für die Äugelskess »Schwamm drüvver?«

43 *Freiheit – Glöck – Geld*
    Geschrieben 1978 für die Äugelskess »Mer sin esu frei«.
    Erl.: *manqueere* (oder *mankeere*) = mangeln, fehlen (vgl. Manko).
    – *Kühm* = Seufzer, Atemzug.

45 *Himmel un Ääd met Blotwoosch*
    Geschrieben 1968 für das Programm »Himmel un Ääd met Blootwoosch«; Melodie: Gerold Kürten.
    V: Wat et nit all gitt, 1977, S. 5.
    Erl.: *Ääpel* = Äädäppel, Kartoffeln. – *Et darf nit immer Kaviar sein*: Anspielung auf den Titel des Romans »Es muss nicht immer Kaviar sein« von Johannes Mario Simmel. – *Amelung* = Appetit.

46 *Uns Levve*
    Geschrieben 1984 für das Programm »Ärm Jecke em Rään«; Melodie von Gerold Kürten, ursprünglich für »Et wor e Gässge, kromm un schmal« von Peter Berchem.
    V: Kölle läv et janze Johr, 1994, S. 94, unter dem Titel »Hervsgedanke: Uns Levve«.

47 *Loß mer noch ens Blömcher plöcke*
    Geschrieben 1967 für das Programm »Verlieb, verlob, verhierot«; Melodie: Paul Lincke für das »Glühwürmchen-Idyll« (»Glühwürmchen, Glühwürmchen, flimmere«) aus der Operette »Lysistrata«.
    V: Wat et nit all gitt, 1977, S. 6; Kölle läv et janze Johr, 1994, S. 35.
    Erl.: *Höppemötz:* Hüpfspiel der Kinder (»Hüppekästchen«).

Wann e Mädche gerode ess! 48
Geschrieben 1967 für das Programm »Verlieb, verlob, verhierot«.
V: Wat et nit all gitt, 1977, S. 33.
Erl.: *gebunge* = fest liiert.

Ärm Jecke em Rähn 49
Geschrieben 1984 für das Programm »Ärm Jecke em Rään«; Melodie: Janos Kereszti.

Stelle Welt 50
Geschrieben 1986 für die Äugelskess »Gesöök un gefunge?!«.
V: Vaters Land und Mutters Erde, 1989, S. 174.

Mie Städtche aan der Ahr 50
Geschrieben 1987 für die Äugelskess »Immer wieder Konjunktor!«.
V: Kölle läv, 1989, S. 97.

Dem Weet aan der Eck 51
Geschrieben für den Wirt der Wirtschaft an der Ecke schräg gegenüber von RGs Wohnung in der Heinrichstraße.

Ävver de Wohrheit 54
Geschrieben 1986 für die Äugelskess »Gesöök un gefunge?!«; Melodie: Janos Kereszti.
Erl.: *LSD*: das Rauschgift Lysergsäurediäthylamid.

Phosphor, Phosphat, Würm 55
Geschrieben 1988 für die Äugelskess »Aan- & En- & Uusgepack!«.

Schneiwießge un de sibbe Heizemänncher 57
Geschrieben 1981 für die Äugelskess »Do kütt et ald widder« unter dem Titel »Schneewittchen un de sibbe Zwerge«, überarbeitet 1989 für die Äugelskess »Us 10 maach 11«.
Erl.: *Sprüütcher* = Rosenkohl. – *Schavuer* = Wirsing. – *Looch* = Luft. – *gatz* = eig. herb, bitter, hier: widerwärtig.

Rette mer de Frösch! 58
Geschrieben 1984 für die Äugelskess »Schwamm drüvver?«.

Die grön Männcher 59
Geschrieben 1990 für die Äugelskess »Egal-Liberal-Fatal«; Melo-

die: nach dem Kinderlied »Ein Männlein steht im Walde« von Heinrich Hoffmann von Fallersleben auf eine ältere Melodie.

60 *Datenbank*
Geschrieben 1993 für die Äugelskess »Em Dotzend belliger!?«.
Erl.: *Hyatt, Maritim*: Kölner Hotels. – *Hoonstroß*: sprichwörtliche Bordellstraße (Nachfolgerin der »Brinkgass«).

61 *Elektronische Schublad*
Geschrieben 1988 für die Äugelskess »Aan- & En- & Uusgepack!«; Melodie: Janos Kereszti.

62 *Kreeg dem Kreeg*
Geschrieben 1997 für die Äugelskess »Ärm!? Ävver brav?!«; Melodie: Heinz Walter Florin.

63 *Libanon*
Geschrieben 1986 für die Äugelskess »Gesöök un gefunge?!«.
V: Autorinnen und Autoren in Köln, 1992, S. 260.
Erl.: 1982 war Israel unter Menachem Begin und Ariel Sharon in den südlichen Libanon einmarschiert, um die Aktivitäten der PLO unter Jassir Arafat durch die Errichtung einer »Sicherheitszone« zu unterbinden; 1985 waren die Kämpfe um die Palästinenserlager besonders heftig. – Die *Zeder vum Libanon* ist ein biblisches Motiv (z. B. Psalm 104,16).

63 *Golfspill*
Geschrieben 1990 für die Äugelskess »Egal-Liberal-Fatal«.
V: Autorinnen und Autoren in Köln, 1992, S. 260.
Erl.: Hintergrund ist der (zweite) Golfkrieg 1990/91, begonnen durch den Einmarsch des Irak unter Saddam Hussein in Kuwait, beendet durch internationale Truppen unter Führung der USA. – *Perestroika* (russ.): wörtl. Umbau, Neugestaltung des politischen und wirtschaftlichen Systems in der Sowjetunion. – *Kühm* = Seufzer (der Erleichterung).

65 *Herzegowina*
Geschrieben 1993 für die Äugelskess »Em Dotzend belliger!?«; Melodie: Janos Kereszti.
Erl.: Anspielung auf den Balkankrieg nach dem Zerfall Jugoslawiens seit 1991 zwischen Serbien, Kroatien und Bosnien-Herzegowina.

Konjunktor 66
Geschrieben 1987 für die Äugelskess »Immer widder Konjunktor!«.
Erl.: *Tütt* = Obstmus.

Immer widder Konjunktor 67
Geschrieben 1987 für die Äugelskess »Immer widder Konjunktor!«.

Zweschelager Asylante 67
Geschrieben 1990 für die Äugelskess »Egal-Liberal-Fatal«.
V: Drei för Kölle, 1994, S. 17; Alt-Köln Heft 95, 1994, S.15.
Erl.: *Ceaucescu*: letzter kommunistischer Diktator Rumäniens vor dem Zerfall des Ostblocks. – *Rhodos*: Anspielung auf »Hic Rhodos, hic salta« aus einer Fabel Äsops (wörtlich »Hier ist Rhodos, hier spring« mit der Bedeutung »Hier ist die Gelegenheit, hier zeig, was du kannst«).

Sin die nix?! 69
Geschrieben 1993 für die Äugelskess »Em Dotzend belliger!?«; Melodie: Janos Kereszti.

Der kleine schwazze Türk 69
Geschrieben 1982 für die Äugelskess »Weld ess d'r Westen – op wat?«; Melodie: Janos Kereszti.
V: Autorinnen und Autoren in Köln, 1992, S. 258; Drei för Kölle, 1994, S.15.
Erl.: *Kemal Atatürk*: Begründer des modernen türkischen Staates nach dem Zusammenbruch des Osmanischen Reiches 1918. – *Bovve Maats-Pooze* = Obenmarspforten, wie die übrigen hier genannten Straßen im alten Zentrum Kölns östlich der Hohe Straße. – *Budegässge* = Kleine Budengasse.

Zuteilung 71
Geschrieben 1990 für die Äugelskess »Egal-Liberal-Fatal«.

Lied der jungen Squaw 72
Geschrieben 1982 für die Äugelskess »Weld ess d'r Westen – op wat?«; Melodie: Janos Kereszti.

Weld op Fredde 73
Geschrieben 1982 für die Äugelskess »Weld ess d'r Westen – op wat?«.

74 *Koote Botze*
Geschrieben 1981 für die Äugelskess »Do kütt et ald widder«;
Melodie: Janos Kereszti.

75 *Aan- un En- un Uusgepack*
Geschrieben 1988 für die Äugelskess »Aan- & En- & Uusgepack!«;
Melodie: Janos Kereszti.

75 *Titelkrampf*
Geschrieben 1997 für die Äugelskess »Ärm!? Ävver brav?!«.

77 *Europadagköttprädig*
Geschrieben 1991 für das Programm »Fröhschobbe – 40 Jahre Altermarktspielkreis«.
Erl.: *liebden Fründen*: Anrede im Stil der Antun-Meis-Texte von Heinrich Hoster, dessen Sprache zwischen Kölsch und Hochdeutsch RG hier nachahmt. – *Su noh bei Zi Pitter*: um diese Zeit spielte der ASK regelmäßig im Forum der Volkshochschule, nur einen Steinwurf von der Kirche St. Peter entfernt. – *Golf*: vgl. die Anmerkung zu »Golfspill«. – *Kumede*: Mundarttheater des Heimatvereins Alt-Köln, damals unter Leitung von Änni *Klinkenberg*. – *Monrealiste*: scherzhafte Bezeichnung für den Spielkreis Fritz Monreal in *Klettenberg*. – *Hiertzianer*: Kindertheater unter Paula Hiertz in Neu-*Brück*. – *mutatis mutandis* (lat.) = (wörtl.) nach den erforderlichen Änderungen, (hier etwa) sozusagen. – *en de Längde getrocke*: RG ironisiert hier seine bekannte Neigung zu überlangen Programmen. – *zweschen Schkylla un Schkarybdis*, offiziell »Skylla und Charybdis«: zwei konkurrierende Meerungeheuer der antiken griechischen Mythologie, symbolisch für zwei gleich große Übel. – (Franz) *Goebels*: Gründer und (als Vorgänger von RG) Leiter des ASK.

80 *Dem Inge sie Dinge*
Geschrieben 1977 für die erste Äugelskess »De Äugelskess – e Kölsch Kabarett«.
V: Drei för Kölle, 1994, S. 26.
Erl.: *gringe* = hier: greinen, weinen.

81 *Haldt de Klapp*
Geschrieben 1983 für die Äugelskess »Minsche? Minsche!«.

Laufe 82
Geschrieben 1997 für die Äugelskess »Ärm!? Ävver brav?!«.

Kölsche Schlabberschnüss em Wahlfieber 83
Geschrieben 1986 für die Äugelskess »Gesöök un gefunge?!«; Melodie: Janos Kereszti.
Erl.: Variation zu dem Gedicht »Der Nossbaum-Schmitz« von Johannes Theodor Kuhlemann (»Ithaka«); ihm und Franz Peter Kürten widmete RG 1976 den »K un K-Ovend« des Altermarktspielkreises.

Vum Fummele un Schummele 85
Geschrieben 1984 für die Äugelskess »Schwamm drüvver?«.

En Kölle ess Messe 86
Geschrieben 1981 für die Äugelskess »Do kütt et ald widder«.
Erl.: *mööt* = müsstet. – *Styx, Lethe*: Unterweltflüsse in der antiken griechischen Mythologie. – *Pälzer, Balina* = Pfälzer, Berliner. – *hatte* = harte.

Dit un dat 89
Geschrieben 1979 für die Äugelskess »Bonn-Bons«.
V: Drei för Kölle, 1994, S. 24; Alt-Köln Heft 95, 1994, S. 14.

Ess jet? 90
Geschrieben 1978 für die Äugelskess »Mer sin esu frei«.
Erl.: *nümmes* = (hier) niemals. – *letsche* = ins Rutschen bringen, ausrutschen lassen. – *verstecke* = ersticken.

Rümcher op »-appe« 92
Geschrieben 1978 für die Äugelskess »Mer sin esu frei«.
Erl.: *Lappledder* = Leder für das ausbessernde Besohlen der Schuhe. – *lappleddere Lappe* = Flickstücke aus *Lappledder*.

Rümcher op »-ung« un »-ungk« 92
Geschrieben 1977 für die erste Äugelskess »Äugelskess – e Kölsch Kabarett«.
Erl.: Angeregt durch das »Leed op ...unk un ...esse« von Hanns Georg Braun. – *gescheck* = scheckig. – *lunk* = (hier) schielt. – *hung* und *ophung:* eig. »hing« und »ophing«, scherzhafte Reimformen. – *eeht* = ehrt.

93 *Rümcher op »-au«*
Geschrieben 1977 für die erste Äugelskess »Äugelskess – e Kölsch Kabarett«.
Erl.: *em Dau* = in der Straße Im Dau. – *Madam*: respektvoll-distanzierte Bezeichnung für die Ehefrau.

96 *Aape-Freiheit*
Geschrieben 1978 für die Äugelskess »Mer sin esu frei«.

97 *Drunger un drüvver*
Geschrieben 1990 für die Äugelskess »Egal-Liberal-Fatal«.
Erl.: *frei noh Soumagne*: gemeint ist der Mundartautor Ludwig Soumagne aus Norf, von dem RG öfters Texte in seine Programme einbaute. Der Titel der Äugelskess von 1983, »Minsche? Minsche!«, variiert den Titel des Soumagne-Buches »Minsche! Minsche?« von 1970.

98 *Bei Lenartowskys*
Geschrieben 1994 für die Äugelskess »Do wor doch noch jet!?«.
Erl.: *Sotheby's*: weltbekanntes Kunst-Auktionshaus. – *Apper Tänß* = Upper Tenth (engl., wörtlich: oberes Zehntel): Angehörige der oberen Zehntausend. – *wie dä Griesbach*: wie in der »Europaköttprädig« verulkt RG hier auch sich selbst.

100 *Kinderzick*
Geschrieben 1977 für die erste Äugelskess »De Äugelskess – e Kölsch Kabarett«.
V: Pänz us Kölle, 1984, S. 82; Dat es Kölle, wie et läv, 1991, S. 82.
Erl.: *wölle Woot* = ungehöriges (eig. wollenes) Wort.

101 *Dat Märche*
Geschrieben 1984 für die Äugelskess »Schwamm drüvver?«.

101 *Immer der Mann*
Geschrieben 1993 für die Äugelskess »Em Dotzend belliger!?«; Melodie: Janos Kereszti.
Erl.: *nimm 2*: nach der gleichnamigen Bonbon-Marke.

102 *Männer ohne gleiche?!*
Geschrieben 1990 für die Äugelskess »Egal-Liberal-Fatal«.
V: Drei för Kölle, 1994, S. 38.

Erl.: *à la Grönemeyer:* gemeint ist Herbert Grönemeyers Song »Männer«. – *Och, leev Grietche...*: Text auf den Büttenmarsch von Alfred Beines, der als »Margarethenmarsch« besonders populär wurde, vor allem mit dem Text »Der kölsche Lohengrin« von Jakob Dreesen.

Ich gäge mich 104
Geschrieben 1987 für die Äugelskess »Immer widder Konjunktor«. Erl.: *Ignatius:* Ignatius von Loyola, Gründer des Jesuitenordens und Begründer der ignatianischen Exerzitien. – *Theresa:* Theresa von Avila, Reformatorin des Karmelitinnenordens, Mystikerin. – *Richard der Rabe:* Titelfigur des Kinderbuches »Richard« von Helme Heine, das RG liebte. Einige Verse sind aus diesem Buch wörtlich übersetzt: »Der linke Flügel gegen den rechten Flügel, die Krallen gegen den Schnabel, das Herz gegen den Kopf«. – *Krohl* = Krähe.

Penner-Sonett 105
Geschrieben 1987 für die Äugelskess »Immer widder Konjunktor«.

Nemm dinge Mantel 105
Geschrieben 1988 für die Äugelskess »Aan- & En- & Uusgepack!«; Melodie: Janos Kereszti.
Erl.: *Entree* = (hier) Eingangsbereich.

Verlaat gitt Verlägenheite 106
Geschrieben 1986 für die Äugelskess »Gesöök un gefunge?!«; Melodie: nach dem Chorinho »Tico Tico no Fubá« von Zequinha de Abreu (1880–1935), brasilianischer Komponist und Instrumentalist, bürgerlicher Name José Gomes de Abreu. Das Lied wurde ein Evergreen, unter anderem von Carmen Miranda in dem Film »Copacabana« (1947) gesungen.

Et Minschelevve – ein Sökerei 108
Geschrieben 1986 für die Äugelskess »Gesöök un gefunge?!«.
V: Dat es Kölle, wie et läv, 1991, S. 122.

Un jeder liet jet falle 109
Geschrieben 1990 für die Äugelskess »Egal-Liberal-Fatal«.

110 *Schepp Wasser*
Geschrieben 1973 für das Programm »Fastelovend es gekumme«, gesungen nach der Melodie der Litanei, traditionell.
V: Wat et nit all gitt, 1977, S. 18.
Erl.: *aqua Sabaudica* (lat.) = Schabau (wörtl. Savoyer Wasser).

111 *Em Klusterkeller*
Geschrieben 1973 für das Programm »Fastelovend es gekumme«; Melodie: Gerold Kürten nach dem Studentenlied »Beim Rosenwirt«.
V: Wat et nit all gitt, 1977, S. 15; Loss m'r doch noch jet singe II, 1981, S. 314.

112 *Please*
Geschrieben 1981 für die Äugelskess »Do kütt et ald widder!«; Melodie: Janos Kereszti.

113 *Helpebotzemillioh*
Entstehungszeit nicht mehr zu ermitteln.
V: Eine Hand wäscht die andere, 1987, S.37; Drei för Kölle, 1994, S. 28.
Erl.: *Naakspunjel* = Schlafanzug. – *Pöhlche* = eig. kleine Pfütze, kleine Menge Flüssigkeit. – *Futzemann*: hier ist der Hund gemeint.

115 *»Ich bruche friedags minge Zabajone«*
Geschrieben 1990 für die Äugelskess »Egal-Liberal-Fatal«.
V: Stadt im Bauch, 1989, S. 71; Drei för Kölle, 1994, S. 19.
Erl.: *uselich* = unscheinbar, hässlich. – *Trallge* = Gitterstäbe. – *gemennig* = mit roter Grundierungsfarbe (Mennige) gestrichen (aber nicht lackiert). – *Zabajone* = Zabaglione (ital.): Weinschaumcreme. – *Tischööt* = T-Shirt. – *Kreechmaat* = Griechenmarkt.

117 *Barockkunzäät*
Geschrieben 1983 für die Äugelskess »Minsche? Minsche!«.
V: Drei för Kölle, 1994, S. 33; Alt-Köln Heft 95, 1994, S. 12.
Erl.: *Et Trin uus Habbelroth un singe Hubäät*: wegen der Herkunft der beiden Protagonisten (Habbelrath ist heute ein Teil von Frechen) enthält der Text zahlreiche landkölsche Elemente. – *Därm*: die Saiten der Streichinstrumente.

Playgirl der Woche 119
Geschrieben 1977 für die erste Äugelskess »De Äugelskess – e Kölsch Kabarett«; Melodie: Gerold Kürten (Moritat).
Erl.: *Bartel*: eigentlich süddeutsche Kurzform für Bartholomäus, hier für Bert(olt). – *anno dressig*: gemeint ist Brechts »Dreigroschenoper« (1928) mit dem Zitat »Erst kommt das Fressen, dann kommt die Moral«. – »*Stern*«: deutsche Illustrierte.

En der Naach mäht sie Fräuche jet klor! 121
Geschrieben 1997 für die Äugelskess »Ärm!? Ävver brav?!«, Text nach Gioconda Belli, »In der Nacht stellt die Ehefrau klar«, deutsch von Anneliese Schwarzer. – Mit freundlicher Genehmigung des Peter Hammer Verlags, Wuppertal.
Erl.: *Fräuche*: liebevoll-zärtliche Bezeichnung für die Ehefrau. – *Pöhl* = Pfähle, Stützen.

Zo de kölsche Saturnalie 126
Geschrieben Februar 1973 für das Programm »Fastelovend es gekumme«; Melodie: Joseph Gungl für das Lied »Als die Römer frech geworden« von Joseph Victor von Scheffel.
V: Wat et nit all gitt, 1977, S. 13.
Erl.: *Dionysius Bacchus*: Dionysos war der griechische, Bacchus der römische Gott des Weins und der Trunkenheit.

Ääzenbär 127
Geschrieben 1973 für das Programm »Fastelovend es gekumme«.
V: Wat et nit all gitt, 1977, S. 7; Kölle läv et janze Johr, 1994, S. 161.
Erl.: *Isis und Osiris*: ägyptische Gottheiten. – *Veleda*: germanischer Frauenname. – *Flutschgass*: enge Seitenstraße, durch die man »flutsche« (schlüpfen) kann, um nicht gesehen zu werden oder um die Wegstrecke abzukürzen. Im ASK war »Flutschgass« Spitzname der Veledastraße. – *Oppidi Coloniae forum* (lat.) = Forum (Marktplatz) der Stadt Köln. – *Hööner*: Hörner als Kopfschmuck, wie bei den Wikingern. – *Flabes* = Maske. – Zu *Rosemondag* vgl. die Erläuterung zu »Wä nie en Kölle...«.

Stadtzaldate 128
Geschrieben 1973 für das Programm »Fastelovend es gekumme«; Melodie: die sogenannte Funkenmelodie aus den Anfängen des

Kölner Karnevals; später mit einem sechsstrophigen Text von Gerhard Schnorrenberg (»Zimdera, Zimdera, kummen de Zaldate«) unterlegt.
V: Wat et nit all gitt, 1977, S. 19.

129 *Plaisir d'amour*
Geschrieben 1973 für das Programm »Fastelovend es gekumme«.
V: Wat et nit all gitt, 1977, S. 20.

129 *Fastelovend hückzedags*
Geschrieben 1975 für das Programm »D'r drette halve Hahn«, unter dem Titel »Fastelovend em 20. Johrhundert«.
V: Wat et nit all gitt, 1977, S. 21.
Erl.: *Zint-Jan*: Patron der Jungfrauen, die einen Mann suchen. – Die letzten vier Zeilen sind ein Zitat aus dem Gedicht »Memoare vun'r Kuvendsmöhn« von Peter Leven. – *plaz* = anstatt. – *Pröttel* = Lehnsessel.

131 *Zwei Jecke*
Geschrieben 1990 für die Äugelskess »Egal-Liberal-Fatal«.

132 *Bütteredner-Training*
Geschrieben 1987 für die Äugelskess »Immer widder Konjunktor!«

132 *Vum Wedder*
Geschrieben 1993 für die Äugelskess »Em Dotzend belliger!?«; Melodie: Janos Kereszti.

133 *Hervs*
Entstehungszeit nicht mehr zu ermitteln.
Erl.: »*Die goldene Herbsteszeit*«: Zitat aus »Herr von Ribbeck auf Ribbeck im Havelland« von Theodor Fontane.

134 *Zinter Klos*
Geschrieben 1970, vorgetragen im Programm »Et geiht op Chressdag aan« (Wiederaufnahme 1983).
V: Wat et nit all gitt, 1977, S. 54; LP Kölsche Weihnacht 4, 1989; »Kölsche Weihnacht«-Liederbuch, 1992, S.40; Kölle läv et janze Johr, 1994, S. 101.
Erl.: *Gebünn* = Fußboden (aus Holzdielen).

Es weihnachtet sehr! 134
Geschrieben 1981 für das Programm »Et geiht op Chressdag aan«.
V: Kölner Weihnachtsbuch, 1989, S. 50, unter dem Titel »Weihnachte 1981«.

Dräum vör Chressdag 135
Geschrieben 1983 für das Programm »Et geiht op Chressdag aan« (Wiederaufnahme).
V: Kölner Weihnachtsbuch, 1989, S.10.

Wann Chressdag ess! 136
Geschrieben 1981 für das Programm »Et geiht op Chressdag aan«.
V: Kölner Weihnachtsbuch, 1989, S. 50.

Us dem Evangelijum noh Lukas, 2. Kapitel 137
Geschrieben Juni 1984 für die LP Kölsche Weihnacht 2.
V: LP Kölsche Weihnacht 2, 1985; »Kölsche Weihnacht«-Liederbuch, 1992, S. 95.
Erl.: *Jusep* (häufiger in der Kurzform *Jupp*) = Josef.

Prolog 140
Geschrieben 1983 für »Dat kölsche Spill vun Jedermann«.
V: Dat kölsche Spill vun Jedermann (2002), S. 9.
Erl.: *tuppe*: das alte Kartenspiel »Tuppe« spielen.

Och hück noch... 141
Geschrieben 1983 für »Dat kölsche Spill vun Jedermann«.
V: Dat kölsche Spill vun Jedermann (2002), S. 7.
Erl.: *Kirv* (oder *Kerv*), im Kölschen Neutrum (das ...) = Kerbe.

Op der Wäg 143
Geschrieben 1986 für das Passionsspiel »Vun Bethlehem bes Golgotha«.
V: Kölsches Passionsspiel (2002), S. 7.

Woot zom Sonndag 144
Geschrieben 1981 für die Äugelskess »Do kütt et ald widder«.
Erl.: *Robert Browning*: englischer Autor (1812–1889).

Dat Leed vum Schwamm 145
Geschrieben 1984 für die Äugelskess »Schwamm drüvver?«; Melodie: Janos Kereszti.

147 *Am Engk*
Geschrieben 1986 für die Äugelskess »Gesöök un gefunge?!«; Melodie: Janos Kereszti nach dem von Anton Wilhelm von Zuccalmaglio überlieferten niederrheinischen Volkslied »Schwesterlein, Schwesterlein, wann geh'n wir nach Haus?«.

Wo mer wat fingk

Heribert A. Hilgers
Richard Griesbach und der Altermarktspielkreis   5

Entree

Et geiht doch jeder singe Wäg	12
De Äugelskess	13
Entree	14

Kölle un Kölsche

Uns Kölle am Rhing	16
Wä nie en Kölle	17
Sibbe Bröcke	17
Immer e Päckelche Kölle	18
I like Kölle	19
Et ess noch Levve en der Stadt	20
Konjunktor en Kölle	20
E Verzällche vun de kölsche Klocke	23
Wat för e Thiater öm et Thiater!	24
Fröher »Unger sechzehn Hüser«	25
Kölnische Ratlosigkeit	26
Zeitungsleser-Klagelied	26
Ubierleed	27
Epilog em Hännesge	28

Dat Leed vun Hännesge un Bärbelche	29
De veer Rabaue	31
Elly Schmitz zum 70. Geburtsdag	32
Hä ess ne ahle Kölsche	33
Toi-toi-toi!	34
Dem Mariännche zom 60. Gebootsdag	35
Haa …, ahh …, HAH weed »60«!	36

Glöck

Glöck ess kein Dotzendwar	40
Kleinigkeite	40
Draum	41
Sulang derheim…	42
Freiheit – Glöck – Geld	43
Himmel un Ääd met Blotwoosch	45
Uns Levve	46
Loß mer noch ens Blömcher plöcke	47
Wann e Mädche gerode ess!	48
Ärm Jecke em Rähn	49
Stelle Welt	50
Mie Städtche aan der Ahr	50
Dem Weet aan der Eck	51

Modern Zigge

Ävver de Wohrheit	54
Phosphor Phosphat Würm	55
Schneiwießge un de sibbe Heizemännche	57
Rette mer de Frösch!	58
De grön Männcher	59
Datenbank	60

Elektronische Schublad	61
Kreeg dem Kreeg	62
Libanon	63
Golfspill	63
Herzegowina	65
Konjunktor	66
Immer widder Konjunktor	67
Zweschelager Asylante	67
Sin die nix?!	69
Der kleine schwazze Türk	69
Zuteilung	71
Lied der jungen Squaw	72
Weld op Fredde	73
Koote Botze	74
Aan- un En- un Uusgepack	75
Titelkrampf	75
Europadagköttprädig	77

Kölsche Schlabberschnüss

Dem Inge si Dinge	80
Haldt de Klapp	81
Laufe	82
Kölsche Schlabberschnüss em Wahlfieber	83
Vum Fummele un Schummele	85
En Kölle ess Messe	86
Dit un dat	89
Ess jet?	90
Rümcher op »-appe«	92
Rümcher op »-ung« un »-ungk«	92
Rümcher op »-au«	93

Su sin se

Aape-Freiheit	96
Drunger un drüvver	97
Bei Lenartowskys	98
Kinderzick	100
Dat Märche	101
Immer der Mann	101
Männer ohne gleiche?!	102
Ich gäge mich	104
Penner Sonnett	105
Nemm dinge Mantel	105
Verlaat gitt Verlägenheite	106
Et Minschelevve – ein Sökerei	108
Un jeder liet jet falle	109
Schepp Wasser	110
Em Klusterkeller	111
Please	112
Helpebotzemilliöh	113
»Ich bruche friedags minge Zabajone«	115
Barockkunzäät	117
Playgirl der Woche	119
En der Naach mäht sie Fräuche jet klor	121

Vun Johr zo Johr

Zo de kölsche Saturnalie	126
Ääzenbär	127
Stadtzaldate	128
Plaisir d'amour	129
Fastelovend hückzedags	129
Zwei Jecke	131
Bütteredner-Training	132

Vum Wedder	132
Hervs	133
Zinter Klos	134
Es weihnachtet sehr!	134
Dräum vör Chressdag	135
Wann Chressdag ess!	136
Us däm Evangelijum noh Lukas, 2. Kapitel	137

Gedanke för Jedermann

Prolog	140
Och hück noch!	141
Op der Wäg	143
Woot zom Sonndag	144
Dat Leed vum Schwamm	145
Am Engk	147

Beihau	149
Wo mer wat fingk	171